Mon opale de feu et autres contes

Sarah Warner Brooks

Writat

Cette édition parue en 2024

ISBN : **9789359945682**

Publié par
Writat
email : info@writat.com

Contenu

PRÉFACE.

Dans l'espoir d'intéresser le lecteur à cette question altruiste insistante du moment : comment pouvons-nous traiter au mieux nos compagnons pécheurs *condamnés* ? ces récits simples (résultats d'une observation personnelle intime « derrière les barreaux » et tissés, presque également, de réalité et fiction) sont proposés à sa lecture bienveillante et indulgente.

Plus sincèrement,

SWB

West Medford, 31 janvier 1896.

MON OPALE DE FEU.

" **Eh** , fais comme tu veux, Isabel," concéda docilement Alcibiade, "mais vraiment, maintenant, tu ne devrais pas rester seule ici. N'auriez-vous pas pu inviter de la compagnie pour un jour ou deux – tante Maria, disons, ou Alice Barnes, ou Emma et le bébé ? »

"Entreprise!" me moquai-je, "c'est maintenant *comme* un homme ! Me voilà en train de projeter de donner un jour ou deux de congé à la pauvre et surmenée Cicely, pendant que vous êtes tous absents et que les travaux ménagers sont au minimum, et tout de suite vous proposez *de la compagnie* ! - ce qui, bien sûr, , implique des repas réguliers et un travail de chambre supplémentaire.

"Non, je vous remercie, monsieur, pas de *compagnie* pour *moi* ", dis-je en me levant de la table du petit-déjeuner pour adresser à mon mari une courtoisie moqueuse; "Et en effet, et en effet", ai-je insisté, "vous ne devez pas renoncer à vos propres vacances parce que votre femme a peur des cambrioleurs et des épouvantails, avec des voisins aussi épais que des mûres, à portée de main, et un gros policier qui dort son coup contre notre clôture avant!"

Alcibiade soupira et plia sa serviette. Je sentais qu'il n'était toujours pas convaincu. Néanmoins, il monta les escaliers, rangea sa prise et, déterminé à attraper le prochain wagon à chevaux, me dit un adieu précipité. " *Au revoir !* " m'écriai-je, " dans le vent de son départ ", " et, en cas de cambrioleurs...

> "'Adieu, bien ! et si c'était pour toujours,
> alors—'"

déjà il avait disparu, et, fermant la porte, je repris mon petit déjeuner inachevé. Quand Cicely entra pour débarrasser la table, je réjouis son cœur en consentant pleinement à ses petites vacances. Soulagée, elle se lança vigoureusement dans le récurage du samedi et, après avoir arrangé mon dîner du dimanche, composé de corned-beef pressé, elle fut autorisée à partir pour "mon cousin dans le sud de Boston" à 14 heures.

Alors qu'elle sortait en courant, avec un sourire radieux, un visage rouge brique et un énorme paquet de journaux, j'ai verrouillé la porte derrière elle et me suis retrouvé « le monarque de tout ce que j'ai observé ».

On imagine que même « Alexander Selkirk », aussi triste que soit son sort, a dû trouver une légère compensation dans la possession incontestée d'une île entière. Quoi qu'il *en* soit , je dois avouer que je ressent une profonde satisfaction dans la conscience seigneuriale d'un contrôle absolu sur ce royaume miniature – mon propre domicile.

En effet, la perspective de régler mes « séances et mes soulèvements », mes heures de lit et de repas, en parfait accord avec ma propre douce volonté, sans aucune restriction de la nécessité ordinaire de m'en remettre aux souhaits et de respecter les revendications de mes concitoyens, était en effet délicieuse. mes compagnons mortels !

Un long après-midi anarchique, avec toutes ses possibilités agréables, s'offrait à moi de manière tentante. Aussitôt, avec livre et travail, je m'installai sur la place ombragée. Agréablement éloigné de la rue, il était pourtant si proche que, comme la Dame de l'échalote, « sous son avant-toit », je pouvais apercevoir les vues qui passaient sur —— Street, je pouvais discerner le sommet lointain de « Corey Hill, " et apercevez, de temps en temps, entre les arbres agités par le vent, une lueur bleue du " Whispering Charles ".

Tout près se trouvait mon joli terrain fleuri, mais récemment (grâce aux efforts conjugués de toute la famille Simpleton) récupéré d'un enchevêtrement désolé de vignes de tomates, de haricots verts et de stellaires, et planté de beautés de serre, qui, maintenant que l'été était terminé et les premières gelées nocturnes attendues avaient provoqué une floraison abondante et alléchante. Les soirées de septembre commençaient déjà à être glaciales. Vers six heures, la place était devenue inconfortable et je me dirigeai vers la maison. Sa possession absolue, à cette heure sombre, me parut un peu moins désirable qu'au grand soleil de midi.

Après avoir soigneusement verrouillé les portes extérieures et remis les rares pièces d'argenterie familiale dans le sac de la mansarde, une inspection générale des fermetures des fenêtres semblait être la meilleure chose à faire. « Laissez-moi, me dis-je, commencer par le début. Conformément à cette excellente maxime, je descendis aussitôt à la cave. A peine avais-je pénétré dans cette partie sombre de mon royaume, qu'une chose vivante, se précipitant follement entre mes pieds, avait failli me bouleverser. J'ai réprimé un cri de terreur enfantin. J'ai reconnu le chat. Je n'aime pas les chats, c'est pourquoi *le nôtre* , lorsqu'il ne se promène pas à l'étranger, est strictement relégué à la cave, où, après tous ses efforts, les souris sont toujours en abondance. J'ai trouvé les fenêtres de la cave non seulement dépourvues de fixations, mais partiellement dénuées de verre. Abandonnant l'idée de sécuriser *cette* approche chaussée de ma forteresse, je me retirai précipitamment, la chatte, pendant ce temps, sur mes talons, et effleurant ma robe avec une familiarité désagréable.

La porte qui donnait sur l'escalier de la cave avait, outre sa serrure, un gros verrou. Je l'ai soigneusement fixé par les deux, et, comme le crépuscule approchait, j'ai abattu, avec volonté, les moraillons des attaches des fenêtres, au premier et au deuxième étage, qui avaient obligeamment conservé leurs ajustements brevetés, et, avec un marteau et des clous, a procédé à sécuriser le reste. Pendant ce temps, la nuit était tombée sur moi. Mes propres pas semblaient étranges alors que je passais de pièce en pièce, et mes coups de marteau, tandis que j'enfonçais clou après clou, mettaient mes nerfs à vif. Dans les coins sombres des appartements sombres, des formes sinistres semblaient se cacher. Des pas imaginaires résonnaient étrangement dans les chambres du dessus. Le chat qui ronronnait de manière offensante et qui suivait toujours mes pas, contribuait innocemment au malaise général. Indépendamment (en ce moment exigeant) de la facture trimestrielle, j'ai allumé à chaque jet un somptueux débit de gaz, jusqu'à ce qu'un superbe éclat inonde tout le rez-de-chaussée d'Irving Cottage. Rassuré par cette illumination téméraire, je me mis à préparer le souper. Le feu de la cuisine s'étant éteint, il s'agissait d'un repas strictement informel, composé uniquement de sardines, de crackers et d'eau de lithia.

En souper, avec une rapidité nerveuse, j'ai débarrassé ma table, j'ai gorgé le chat (qui, dans la disette inhabituelle de la société, était autorisé à loger dans la cuisine), et, faisant un dernier tour d'horizon du brillant étage inférieur, j'ai coupé le gaz. et, une allumette à la main (et avec une franchise qui aurait prouvé le salut de « la femme de Lot »), je cherchai ma chambre.

Allumant le gaz, j'ai verrouillé ma porte, regardé sous le lit, fait une recherche exhaustive dans les placards et, calme et rassuré, je me suis assis jusqu'à l'achèvement du dernier roman de Black. Bientôt, absorbé par la fortune du pauvre « Mac Leod de Dare », fou d'amour, je suis devenu complètement inconscient de ma propre situation morne. Un jour, la sonnerie de la sonnette de la porte latérale me rappela la situation actuelle, mais, ayant décidé de n'ouvrir à personne *cette* nuit-là, je baissai discrètement le gaz et, regardant derrière le store de ma fenêtre, m'assurai que c'était bien le cas. expressman, puis laissez-le sonner froidement. Il a dû avoir plus qu'épuisé sa patience notoirement limitée avant que je l'entende partir, injuriant horriblement ses chevaux, alors qu'il les fouettait dans l'allée. On peut rapporter, à ce propos, que Cicely, environ cinq jours plus tard, en ouvrant le volet de son garde-manger pour chasser les mouches, découvrit un paquet de papier brun taché de sang enfoncé et fermement coincé entre la fenêtre et le store. Après examen, on y trouva les cadavres de trois malheureux pigeonneaux qu'Alcibiade, dans un excès de tendresse conjugale, avait achetés (pour agrémenter mon dîner du dimanche) alors qu'il se rendait à la gare.

Quand cette touchante preuve des soins indulgents de mon bon mari fut révélée, j'eus honte d'avouer que, endurcissant mon cœur, je me moquais ainsi méchamment : « L' *idiot* ! de croire qu'une femme saine d'esprit se brûlerait sur un charbon... » cuisinière, faire griller des pigeonneaux pour sa propre santé, avec du corned-beef, des sardines et de délicieuses olives à portée de main !"

Mais, pour revenir de cette digression — l'expresseur irrité étant loin — j'ai navigué sereinement jusqu'à minuit, et le dernier chapitre déchirant de mon roman. Puis, baignant mes yeux fatigués et réduisant ma lumière au moindre scintillement, je me glissai vers le lit avec lassitude.

Après une heure entière passée à me calmer les nerfs et à résoudre les causes naturelles de ces « bruits de la nuit » qui me faisaient successivement dresser les cheveux, je m'endormis.

Le soleil était déjà haut quand je me suis réveillé. C'était une belle matinée de septembre. Me rappelant, avec un étonnement amusé, les alarmes sans fondement de la dernière nuit sans événement, je me baignai et m'habillai en grande humeur, et descendis à la préparation du petit-déjeuner.

Le café d'hier, réchauffé dans un Ætna, était moins savoureux que j'aurais pu l'imaginer, et, résistant facilement à l'indulgence d'une deuxième tasse, j'ai terminé, avec peu de délectation, mon repas peu tentant.

Le tintement des cloches de l'église m'a surpris pendant mon travail matinal. C'était dimanche. Mais pas un seul instant je ne dois envisager l'idée d'aller à l'église !

En C——, les vols audacieux, de jour, étaient monnaie courante et, en mon absence, notre domicile non gardé deviendrait une proie facile pour les voleurs. Les portes extérieures, au nombre de trois, étaient solidement fermées, et je me félicitais particulièrement de la sécurité complète de la porte vitrée ouvrant de notre salon sur la place, car, outre sa fermeture régulière, elle possédait un admirable loqueteau. , qui s'est magnifiquement cassé, tout seul, lorsqu'on l'a fermé.

A mesure que la matinée avançait, las de lire, j'écrivis quelques lettres, puis je remaniai mon bureau. Parmi ma correspondance accumulée, j'ai trouvé une demi-douzaine d'épîtres rédigées avec rigueur. Ils avaient été inculpés par des détenus de la prison de l'État du Massachusetts. Pour élucider l'événement déterminant de mon histoire, permettez-moi de dire que les efforts utiles déployés auprès des détenus faisaient depuis longtemps partie intégrante de l'œuvre de ma vie.

Entre eux, ils étaient heureux de m'appeler « l'ami du prisonnier » et, une fois libérés et sans abri, ils venaient souvent me demander conseil ou aide pour obtenir cet emploi qui, naturellement, n'est donné qu'à contrecœur à ces êtres atteints. , que, même en tant que *visiteurs* , mes amis considéraient comme répréhensibles. Le lundi, j'avais ma visite hebdomadaire à l'hôpital de la prison. J'apportais à ses patients des fruits et des fleurs et je leur lisais, en y ajoutant, du mieux que je pouvais, un minimum de reproches et de conseils.

La relecture, le tri et le partage de cette étrange correspondance m'amenèrent à l'heure du dîner. Un petit-déjeuner peu copieux m'ayant aiguisé l'appétit pour ce repas important, je résolus d'allumer un feu dans la cuisinière. Cet exploit accompli, avec cette dépense absurde de temps, de force et de patience propre à l'amateur, j'ai laborieusement élaboré une omelette, un plat de pommes de terre lyonnaises et une théière fumante.

Échauffé et fatigué, je me suis dépêché à travers les salons, j'ai ouvert la porte de la place pour prendre une bouffée d'air frais, avant de préparer mon dîner et, attiré par l'odeur agréable de l'héliotrope, je me suis avancé débonnairement sous le soleil extérieur. Alors que je passais, le « doux vent d'ouest » s'est précipité vers la porte de la place. Il s'est refermé derrière moi, avec un bruit malicieux. La fixation brevetée tant admirée avait, mais trop bien, fait son œuvre fatale ! J'étais diaboliquement attaché à l'extérieur de ma propre maison ! Reprenant mon souffle et prenant conscience de la situation désespérée, j'ai jeté un coup d'œil triste au bow-window arrière de mon voisin. Miss Pettingrew, ma prochaine voisine, était une jeune fille âgée et, par curiosité, « toute compacte ». Nominalement (comme l'indique son signe bleu et or) couturière, mais ajoutant à sa vocation habituelle la surveillance de notre quartier, les sorties et les arrivées des Simpletons étaient particulièrement focalisées par son œil affreux.

Notre quartier n'était pas socialement convivial. Nous étions venus à C... dans le seul but de faire étudier notre fils à Harvard, et, n'ayant aucun autre intérêt local dans cette ville, nous étions simplement des personnes venues de nulle part, et par conséquent inéligibles en tant que connaissances.

Irving Cottage, ainsi appelé en raison de sa ressemblance supposée avec celui de Washington Irving, nous a attirés par une allocation exceptionnelle de cour de porte, combinée à un loyer modéré. Irving Cottage était un immeuble double ; et son côté nord était désormais vacant. Son front occidental commandait —— rue ; son côté sud est une série ininterrompue de cours arrière. Au nord, il était surmonté d'un grand entrepôt et à l'arrière se dressait un vieux manoir colonial usé par les intempéries, autrefois une demeure aristocratique, mais maintenant tombé dans des temps difficiles et devenu une pension d'étudiants bruyant. Une clôture basse séparait nos locaux arrière de ceux de Mme MacNebbins, sa propriétaire. Et maintenant, permettez-moi de revenir de cette information entre parenthèses à mon moi désespéré, examinant tristement ma demeure « hermétiquement fermée ».

Oui, Miss Pettingrew était, comme d'habitude, à son poste. Il m'incombait de faire attention à mes habitudes, de sortir nonchalamment de la place, comme si être dans la cour était totalement facultatif. En faisant un tour ou deux dans l'allée, je me suis reposé un moment sous les vieux saules seigneuriaux qui ornaient notre terrain. J'ai sorti un bouquet du jardin fleuri ; J'ai recherché le trèfle à quatre feuilles dans la parcelle d'herbe, tout en scrutant furtivement les fermetures de mes fenêtres et en priant intérieurement pour qu'un point d'entrée non gardé vers Irving Cottage puisse me être révélé.

En vain! J'avais trop bien fait mon œuvre fatale ! Pas la moindre fissure n'avait été laissée visible. Le chalet se réjouissait d'une façade en terrasse. Ainsi, les fenêtres arrière inférieures se trouvaient à au moins cinq pieds au-dessus du niveau de la cour de la porte. Une éventuelle élévation des chaises de la place les commanderait. Je pourrais, avec une pierre, démolir une vitre commode, et ainsi atteindre et manipuler une fixation brevetée ; mais il y avait toujours Miss Pettingrew ! Comment pourrais-je entrer par effraction dans ma propre maison, en plein jour et un dimanche, juste sous son regard étonné ? Le cœur lourd (et implorant mentalement l'aimable permission de cette dame), j'ai cherché refuge sous le gentil bûcher qui enfermait notre place. Affamé, découragé et désespéré, je passais les heures lentes, jusqu'à ce que le soleil incliné vers l'ouest et la fraîcheur du soir qui approchait m'avertissent que la nuit approchait.

Heureusement, en sortant, j'avais jeté autour de moi un léger châle. Frissonnant, je l'enroulai étroitement, puis, providentiellement inspiré, je pensais à un lieu de refuge, à savoir : le bûcher, attenant à notre cuisine ! Ce n'était qu'une structure fragile, mais elle serait au moins plus chaude qu'une place ouverte.

Sa porte intérieure, soigneusement verrouillée, ouvrait sur la cuisine. Son entrée extérieure n'était cependant que légèrement sécurisée par un crochet, facilement manipulable de l'extérieur, par l'insertion d'un mince bâton. Je sentais qu'une entrée pouvait se faire sans ostentation. Attendant avec impatience ce moment propice où Miss Pettingrew devrait, à l'heure du thé, quitter son poste d'observation, je me suis lancé sur la pelouse et, toujours à la recherche du trèfle à quatre feuilles, j'ai réussi à gagner l'arrière de ma maison. Mon ogresse a opportunément disparu ! Déjà muni du bâton nécessaire, il ne me fallut qu'un instant pour l'insérer dans la fente de la porte mal ajustée, pour relever le crochet et entrer avec précaution. Dieu merci, j'étais au moins sous un toit. ! Humble, certes, mais néanmoins une amélioration par rapport à un ciel ouvert, ou même à une place drapée de vigne ! Et Miss Pettingrew n'aurait jamais besoin de savoir que j'avais eu un malheur. Heureusement, je portais ma montre. C'était un léger réconfort de constater le passage de ces heures désagréables. Il était maintenant quatre heures et quart. J'avais désespérément faim. Mon esprit se tournait de manière alléchante vers le dîner non goûté à l'intérieur. Bien avant cela, mon thé devait s'être résolu en tanins purs ! Mon omelette et ma Lyonnaise ont dû devenir de simples chips ; et le chat s'était sans aucun doute débarrassé en privé de mon précieux corned-beef. Eh bien, tout n'était pas perdu ! Une heure entière se profilait encore entre moi et le coucher du soleil. Compte tenu de ce temps, ne pourrais-je pas trouver une issue à mon dilemme ?

Le manoir colonial des MacNebbin est directement adossé à nos locaux. Et notre bûcher était adossé, à son tour, à une vaste pelouse – maintenant dégradée en un terrain découvert qui faisait face à la rue B…. En l'absence de fenêtres sur ce mur du bâtiment, un nœud, généreusement agrandi par nos garçons, servait admirablement de guet. À cette ouverture inconfortablement haute, j'observais (sur la pointe des pieds) la foule insouciante, se promenant, en tenue du dimanche, de long en large dans la rue B…. Cette diversion saine, mais apprivoisée, me pesait. Mon appétit blasé avait besoin d'une nourriture plus excitante.

Mme MacNebbins – un corps pauvre, surmené, avec un tempérament qui lui était propre – et qui entretenait, à elle seule, une demi-douzaine d'enfants et un mari immobile, devenait parfois désespérée. Dans de telles occasions, il lui convenait, un balai à la main, de chasser sa pire moitié de la maison, tandis que les servantes, quant à elles, regardaient les applaudissements depuis les fenêtres de sa cuisine. Mes propres garçons (malgré mon interdiction) avaient, je regrette de le dire, souvent applaudi haut et fort cette exhibition conjugale. Une scène aussi épicée me paraissait parfaitement conforme à la situation, et je rougis d'avouer que je tournai maintenant mon attention vers la porte arrière des MacNebbin, dans l'espoir vulgaire d'une escarmouche conjugale immédiate. En vain! M. MacNebbins était assis tranquillement en train de fumer sur le perron de sa porte ; tandis que sa moitié, plus énergique, voltigeait dans la cuisine, concentrée sur la préparation du dîner des étudiants. De temps en temps, une odeur alléchante de rôti sortait des fenêtres ouvertes. À ce moment-là, j'étais devenu honteusement affamé ; et quand, après le dîner des MacNebbin, le cuisinier est sorti pour déposer les restes dans ce baril d'eaux grasses répréhensible, près de notre clôture arrière, je rougis de dire que j'ai regardé avec nostalgie les restes de ce festin (pour *moi* , Barmecide). . Des pommes de terre coupées en deux, des tranches de pudding et des morceaux de viande savoureux gisaient de manière tentante sur le tonneau trop rempli. J'ai soupiré. C'était comme « mourir de faim au milieu de l'abondance ».

Pendant un moment fou, j'ai pensé à me précipiter dans la rue, dans mon châle du matin, avec un châle sur la tête, et à implorer quelqu'un de s'introduire par effraction dans ma maison et de me nourrir.

Mais non! Le respect de soi-même interdisait une démarche aussi insensée ; et d'ailleurs ne devrais-je pas ainsi annoncer que je suis seul dans la maison et à la merci du spoiler ? La nuit allait bientôt empêcher cette tentative que j'avais à moitié résolu de faire sur la vitre arrière, et qui pourrait éventuellement se terminer par une défaite, des éclats de verre et un tétanos. Il pleuvait maintenant. Le vent d'est gémissait tristement autour du hangar. Il me faut néanmoins m'y prendre pour m'y loger. Pour cela, j'ai soigneusement étudié les capacités du lieu. Sur une étagère grossière, près du tas de bois, j'ai trouvé une lampe à pétrole gommeuse, remplie d'huile nauséabonde. À côté se trouvait une boîte en fer blanc contenant trois allumettes. Dans un coin se trouvait un tonneau de copeaux propres et, sous le lavabo, un panier de vêtements sales.

J'avais bientôt disposé les copeaux sous la forme d'un canapé. Deux draps, utilisés une seule nuit dans la chambre d'amis et relativement non souillés, servaient de couverture légère. À une haute cheville pendait un pardessus rouillé qui, lors des sorties de pêche, avait servi à plusieurs reprises à mon bon Alcibiade. Il en était venu à exhaler une perpétuelle « odeur ancienne et de poisson » et, en considération de mes narines indignées, avait été relégué au hangar. Hélas! Je n'avais plus maintenant le « ventre fier » qui distinguait « la tante de M. F. » ; et, m'enfilant ce vêtement peu recommandable, je remerciai le ciel pour une protection même si ignoble contre le vent d'est qui pénétrait maintenant, par chaque crevasse et chaque trou de nœud, dans ma chambre à coucher indifféremment construite.

Me jetant tristement sur ce grossier canapé, j'essayai de préparer mes membres pour dormir. D'innombrables poètes ont célébré avec ravissement « la pluie sur le toit ». J'avais moi-même proposé un jour à un rédacteur en chef de magazine au cœur de pierre quelques « lignes » sur ce sujet précis ; Pourtant, aujourd'hui, grelottant, affamé et à moitié logé, Dieu sait que le même déferlement de cette tempête impitoyable au-dessus de ma tête abandonnée n'était rien, sinon prosaïque ! Je me souvenais aussi que ma seule fermeture de porte était un léger crochet, facilement démontable.

Quelles facilités étaient ici offertes à un vagabond en quête d'un abri pour la nuit ! Quand, un instant, je pouvais soustraire mon pauvre esprit aux terribles affres de la faim, ce n'était que pour le fixer sur cette effrayante possibilité. Oui, j'étais sans doute à la merci de tous les vagabonds à proximité immédiate de C—— ! Que diraient Alcibiade, que diraient mes garçons (campant à Great Brewster, avec un chapiteau *de cirque* , des couettes en abondance et tous les appareils connus de la jeune Bohême), s'ils pouvaient, cette nuit, rendre visite à leur misérable parent ? Mais non; Alcibiade ne devrait jamais savoir comment, en rejetant ses conseils sûrs, je m'étais voué à la désolation. La misère de cette nuit doit être à jamais enfermée dans mon propre sein ! Bien sûr, on ne pouvait pas s'attendre à ce que je ferme les yeux toute la nuit ; et, quand le matin viendrait – si ma vie était épargnée d'ici là – je serais trop épuisé par la faim pour ramper hors du hangar, et je devrais, devrais, shou – ici, je me suis profondément endormi !

Une seule heure aurait à peine pu s'écouler, lorsque je fus réveillé par un léger choc, comme celui de quelqu'un lourdement appuyé contre la charpente du hangar, juste là où j'avais fait mon lit. En un instant, j'étais bien réveillé et, le cœur dans la bouche, j'écoutais attentivement. Je regrettais maintenant cruellement d'avoir laissé ma lampe allumée ; et j'aurais aimé avoir, au moins, bouché le large trou de nœud donnant sur la rue. J'avais soigneusement obscurci l'unique petite fenêtre ouvrant sur nos propres locaux, mais j'avais oublié de masquer cette vigie irrégulière. Heureusement, il n'a pas commandé, de l'extérieur, mon lit improvisé.

Directement en dessous, j'entendais maintenant des pas. De toute évidence, une enquête était menée par une personne extérieure. J'ai réussi à me relever et à attendre ainsi l'issue redoutée.

Il y eut une bousculade maladroite, un bruit sourd sur le sol mouillé à l'intérieur de la clôture, puis des pas lourds se rapprochaient visiblement de mon lieu de refuge. La porte fut essayée, vigoureusement secouée et ouverte avec un craquement ; et puis j'ai su que quelqu'un manipulait l'hameçon avec un bâton ; faisait une entrée, comme je l'avais fait moi-même, mais il y a quelques heures ! Je chancelai faiblement vers le tas de bois. J'avais besoin de bien m'y tenir, tant j'étais paralysé par la peur. Je sentais mes membres céder ; une époque d'horreur semblait s'écouler dans les brefs instants qui suivirent avant que le crochet ne cède.

La porte s'est ouverte avec fracas ! et puis… alors tout le hangar chancela, s'assombrit, disparut ; et je n'en savais pas plus !

La conscience revenant, je me suis retrouvé allongé sur mon canapé de rasage. Un tas de vêtements sales soutenait ma tête ; mon visage et mes cheveux dégoulinaient d'eau, qui apparemment avait été versée sur moi sans arrêt ni arrêt, d'un porc en bois debout à proximité, que je me souvenais d'avoir placé sous une grande fuite dans le toit du bûcher, avant de m'installer pour me reposer.

À côté de moi se tenait un grand homme barbu, tenant dans sa main gauche une lampe à pétrole fumante et, de sa droite, toujours en train de m'asperger généreusement de son cochon, et, pendant ce temps, scrutant anxieusement mon visage. Alors que mes sens dispersés se ressaisissaient, j'ai discerné que son attitude était pacifique, voire amicale. Je ne trouvai pas son visage mauvais, avec ses traits forts, son expression déterminée et son sourire bienveillant qui révélait ses dents saines et blanches. Comme j'essayais de me lever, il me dit respectueusement : « Couchez-vous un peu, madame ; C'était encore pire, ajouta-t-il, quand j'ai découvert que vous étiez « l'ami du prisonnier ».

« Peut-être que *vous* ne connaissez pas mon visage maintenant, madame ; mais j'ai connu le vôtre à tout moment, ces quatre années ; depuis que vous m'avez apporté ce fruit avec un bouquet de roses et l'amour d'un vieil homme, le moment où j'ai été couché. à l'hôpital de la prison.

Non; Je ne me souvenais pas du visage de cet homme ; mais je me souviens bien qu'une telle personne m'avait envoyé, par l'intermédiaire du gardien, une reconnaissance reconnaissante de ma petite bonté, sous la forme d'une boîte en bois de rose, incrustée de nacre et doublée de velours grenat (son propre ouvrage délicat) , et contenant un papier ainsi inscrit :

"Adam Beale, à 'L'ami du prisonnier', avec mes meilleurs vœux."

Le directeur, si je me souviens bien, m'avait alors dit qu'Adam purgeait une peine de cinq ans pour avoir passé un faux chèque. Eh bien, ici, comme un diable en boîte, Adam lui-même était arrivé.

C'était maintenant à *mon* tour de « prendre sur moi la honte et la confusion de visage », — trouvé refuge dans un hangar, seul et à minuit ! Donner à cet homme, ancien détenu et seul avec moi, dans ce lieu abandonné, l'explication qu'exige la situation, me mettrait sans aucun doute absolument à sa merci, mais, comprenant qu'il n'y avait pas d'autre issue, je j'ai immédiatement fait une poitrine propre. Le récit bien terminé de mes malheurs, l'humour de toute cette affaire, ainsi que l'expression d'étonnement vide d'Adam, m'ont tellement bouleversé que j'ai fini par un éclat de rire hystérique dans lequel, comme je pouvais le voir aux contractions de ses muscles visibles, , les bonnes manières seules retenaient mon auditeur de me rejoindre.

Renvoyant sagement le récit de ses propres aventures à des moments plus sereins, mon forçat, à ma demande, se mit aussitôt à l'œuvre d'effraction.

La tempête s'était apaisée. Il était maintenant minuit et Miss Pettingrew n'était probablement pas en service. Avec des tonneaux et des caisses vides trouvés dans le hangar, le niveau d'une fenêtre latérale fut bientôt atteint, et Adam, démolissant une vitre, dégrafa adroitement une fermeture brevetée. Il ne fallut qu'un instant avant qu'il entre et ouvre la porte latérale pour laisser entrer mon moi quelque peu découragé.

Il ne fallut pas longtemps non plus pour que mon libérateur ait fait un fameux feu dans le fourneau de la cuisine et, en manches de chemise, tandis que son habit dégoulinant fumait tout près sur un étendoir, il préparait une cafetière à café, pendant que je préparais le souper. -tableau.

Il va sans dire que mon enthousiasme pour ce repas n'était pas léger ; et la faim de mon hôte, comme on peut le déduire, était presque aussi vive que la mienne. Le chat ayant obligeamment dîné et soupé d'omelette et de pomme de terre lyonnaise, mon corned-beef était encore intact ; et, avec quelques ajouts insignifiants et cette meilleure des sauces : la faim, notre repas s'est avéré délicieux.

Eh bien, pensai-je en offrant une deuxième tranche de génoise et une troisième tasse de café à mon invité affamé, la vérité est sans aucun doute plus étrange que la fiction ! Pouvait-on dire à Alcibiade (cher homme !) qu'en méprisant ses bons conseils, je m'étais amené dans une situation si étrange que de souper à minuit avec un ancien forçat, le croirait-il ? Quant à mon moi hébété, j'aurais bien pu désirer, avec cette vieille femme historique au « jupon » abrégé, l'« aboiement » décisif de mon propre « petit chien » comme assurance que « j'étais *moi* ».

Notre faim apaisée, Adam m'a raconté comment il s'était retrouvé, par cette nuit d'orage, en route vers Boston, sans le sou et sans abri. Sa peine avait, dit-il, expiré depuis trois semaines ; et, avec son « procès pour la liberté », et la gratification réglementaire de cinq dollars de la Prison Aid Society, ainsi que son offre immémoriale d'un billet pour l'Ouest, il avait été dûment libéré. Désireux de se réinstaller dans sa ville natale, New York, il avait refusé d'émigrer vers l'Idaho, mais, se sentant un peu plus mal après cinq années de confinement, de mauvais air et de mauvaise alimentation, il avait décidé de recruter pour un certain temps. , dans l'air des montagnes, avant de chercher sa maison en ville.

Avec la gratification de l'État et près de quarante dollars provenant de ses propres gains en prison dans son sac à main, Adam s'était lancé dans une visite à pied frugale. Ayant d'ailleurs attrapé un gros rhume, il avait été obligé de rester quinze jours dans une taverne de campagne ; et entre la facture de pension, les honoraires du médecin et les frais de médicaments, sa mince bourse avait été bientôt vidée. Guéri de sa maladie et régénéré par l'air apaisant de la montagne, il s'était retrouvé absolument sans le sou et avait jusqu'à présent fait son voyage de retour, dépendant de la charité pour se nourrir et se loger. En passant par la rue B... pour chercher à passer la nuit au commissariat, il avait aperçu ma lumière à travers le grand trou du hangar et, après inspection, trouvant l'endroit apparemment inoccupé, fatigué et mouillé comme lui, il avait alors semblé sage d'accepter la possibilité d'abri la plus proche ; et il avait donc décidé de tenter une entrée dans cette dépendance éclairée, pensant peu, comme il le disait, trouver, dans un endroit aussi grossier, une dame dont la personne était tenue pour sacrée par tous les hommes de la prison.

Et maintenant, pour faire court, le récit d'Adam terminé, nous avons séché ses vêtements, lavé nos plats pour le dîner, « débarrassé » la cuisine, puis avons pris en considération la question des voies et moyens. Avant de succomber à la tentation, Adam Beale avait été courtier immobilier et, même s'il n'avait pas connu jusqu'ici un grand succès, il avait l'intention, si possible, de se réinstaller dans son ancien métier. Il pensait que cela pourrait être fait dans le tourbillon d'une grande ville, où l'identité est facilement déguisée, voire perdue, et - et - et puis - autant l'avouer tout de suite - tout s'est terminé par le fait que j'ai enlevé ma bague en diamant. (l'un des trésors de mon enfance et le seul bijou de valeur en ma possession) et, après beaucoup de persuasion, j'ai incité Adam à l'accepter comme un prêt et, en le mettant en gage, à réaliser une somme qui le remettrait sur pied. . "Mais, mon cher !" s'exclame le lecteur prudent, "n'était-ce pas une entreprise des plus dangereuses ?" Oui, je suppose; mais alors, la plupart des entreprises *sont* plus ou moins *dangereuses* . Et, après tout, qu'est-ce qu'un seul diamant, ou même un groupe entier de diamants, lorsqu'on les compare à la possibilité de ramener un homme sur le chemin sûr de la rectitude, de sauver une âme ?

Cette transaction risquée étant bien terminée, Adam, de son propre choix, se retira pour passer le reste de cette étrange nuit dans le bûcher. Je lui ai offert un oreiller et des couvertures chaudes, et le chat lui a poliment tenu compagnie, heureux sans doute d'échapper à son ennuyeux emprisonnement dans la cuisine.

Comme mon forçat serait debout dès l'aube, ses adieux se faisaient dans la nuit. Une fois de plus dans ma propre chambre sûre, et doté d'un lit, d'un traversin et d'un oreiller ordinaires, je me reposai de la fatigue et de l'excitation des dix dernières heures et, après réflexion, sentis que mon accident était pour le mieux. Même si je ne me méfiais pas vraiment d'Adam, je me souvenais néanmoins que je n'avais pas, comme le dit le proverbe, « hiverné et estival » cet homme. Par conséquent, on peut me pardonner la conscience inquiète que mes biens (sans parler de moi) étaient en quelque sorte moins en sécurité que s'ils étaient déposés à la Banque des États-Unis ; car mon nouvel ami n'avait-il pas, il y a deux heures, montré cette facilité d'introduction par effraction, censée être inhérente au forçat et au vagabond ? Après une heure ou deux de sommeil inquiet, ce fut un soulagement infini d'entendre le « clairon fort » d'un coq matinal, suivi d'un remue-ménage audible dans le bûcher et d'un pas lourd dans la cour. En sortant de mon lit, j'ai regardé la grande forme d'Adam alors qu'elle passait uniformément dans l'allée. Bien devant notre portail, il descendit directement la rue et disparut bientôt de mon champ de vision. Après cela, j'ai dormi du sommeil béni des fatigués et des contents, mais pas avant d'avoir pris la précaution d'apporter du hangar l'oreiller et la couette révélateurs consacrés à l'usage d'Adam.

Le soleil était déjà haut depuis quatre heures, lorsque le retour de Cicely me réveilla. Je me précipitai pour la laisser entrer et, peu de temps après, je fus assis au petit déjeuner tardif qu'elle me prépara vivement. Alors que je m'attardais luxueusement autour de mon café, ce précieux Hibernian entra brusquement, les mains levées et les cheveux hérissés, pour m'informer qu'« un méchant diable de clochard, soit-il, avait dormi la nuit dans notre bûcher.

sauvez-nous, moi, » continua la créature excitée, « en vous frappant dessus comme un bébé innocent, et en éloignant le maître et les jeunes hommes, et en me prenant moi-même chez mon cousin. Dieu soit loué, vous étiez ! Il n'est pas complètement tué ! Sortez, s'il vous plaît, moi, à la même minute, et voyez, avec vos deux yeux, où cette créature a dormi." Regrettant d'avoir laissé inconsidérément des preuves palpables de la visite d'Adam, j'ai suivi docilement Cicely dans le hangar.

"As-tu trouvé la porte décrochée, Cicely ?" Ai-je demandé, conscient que *quelque chose* devait être dit.

"Décroché, n'est-ce pas ?" répondit-elle, "indade et c'était mince ! et grand ouvert ! Sainte Marie ! mais c'est l'évasion étroite que vous avez eue !"

"Cicely," dis-je d'un ton décisif, "remettez ces copeaux dans le tonneau. Ils s'allumeront aussi bien que jamais, et les draps sortiront indemnes du lavage. Quant à ce manteau de poisson, quand Dennis viendra pour le des cendres, autant le *lui donner* . Il y a encore un peu d'usure. Et, dans l'ensemble, Cicely, vous feriez mieux de ne rien dire du clochard à M. Simpleton et aux jeunes messieurs. Cela ne ferait que les effrayer. et en vain, puisque tout cela est maintenant passé et disparu. »

Cet après-midi-là, lors de ma visite à la prison d'État, j'ai raconté au directeur une grande partie de l'aventure ci-dessus en ce qui concerne ma transaction avec Adam Beale. J'ai découvert qu'il avait été libéré comme indiqué et qu'il avait déclaré son intention de recruter alors qu'il était dans le pays, avant de retourner chez lui à New York, "mais quant à votre bague en diamant, ma chère dame", a déclaré l'astucieux fonctionnaire, " décidez que vous vous en êtes séparé pour de bon ; car, comme *je* connais le condamné, pas un sur cent ne pourrait résister à la tentation de le conserver.

"Eh bien," dis-je avec résignation, "laisse tomber, alors ; la vie est pleine de mésaventures, et j'ai déjà survécu à bien des désastres, bien plus lourds que la perte d'un diamant."

Lorsque ma petite famille fut à nouveau réunie, ce fut Alcibiade qui le premier observa et commenta l'absence continue de ma bague en diamant à mon majeur gauche.

"Oh, ma bague ?" Je dis légèrement : "Eh bien, je laisse cela de côté pour un moment. On ne se soucie pas d'apparaître éternellement dans des diamants, comme une grosse *femme* de juif allemand."

Alcibiade, le moins curieux des mortels, donc facilement repoussé, je me résignai à perdre ma bague, sûr que, au pire, elle n'était pas (comme l'aurait dit « Mantalini ») tout à fait « allée à l'arc de démnition ». wow."

Plus de six mois s'étaient écoulés, lorsqu'un jour l'expresseur me remit un petit paquet, adressé d'une écriture fine et claire, et marqué « précieux — *avec soin* ».

Heureusement, j'étais seul et je pouvais, sans aucun doute, recevoir le colis. C'était, comme je l'avais soupçonné, ma bague ; et j'étais heureux de le recevoir, mais encore plus heureux d'avoir trouvé, sans l'aide de la lanterne d' *aucun* Diogène, un *honnête* homme !

Et maintenant, mon histoire pourrait, avec convenance, se terminer. Ce n'est cependant pas le cas, car je n'ai pas encore raconté comment moi, épouse d'un employé de la poste, ne touchant qu'un salaire indifférent, je suis entrée en possession d'une parure aussi somptueuse qu'une opale de feu mexicaine, superbement décorée. sertie de diamants de la toute première eau.

Dix ans s'étaient écoulés depuis l'aventure qui avait abouti au prêt de ma bague à Adam Beale. Notre garçon avait passé honorablement ses études à Harvard. Nous ne tremblâmes plus devant « l'horrible signe de tête » de Miss Pettingrew. Nous avions quitté C... pour de bon et pour tout. Ma santé ne me permettait plus de travailler à l'hôpital et j'avais cessé de visiter la prison. Nous étions à la veille de nos noces d'argent, et un soir, alors que nous étions assis autour de notre foyer à Roxbury, discutant joyeusement de l'événement, qui devait être célébré par une petite fête, la sonnette de la porte sonna et fut suivie par le entrée de notre expressier.

Prenant une longue inspiration de soulagement, il déposa sur la table du hall un petit colis soigneusement scellé qui, comme il le dit, "avait été sur le point de circuler, estimait-il, car, de près, il put le savoir, il partait de New York". York, a payé à C.... Puis il est revenu au bureau de Boston, un jour où *ils* avaient passé du temps *là -bas* , à chercher les gens qui étaient recherchés, il a eu vent de lui-même, et le voici maintenant, conclut-il triomphalement, enfin débarqué.

Comme on me l'avait demandé, j'écrivis mon nom dans son livre graisseux, Alcibiade paya l'expression accumulée, et l'homme nous quitta aussitôt.

Nous étions un peu curieux à propos de ce colis qui avait beaucoup voyagé – un simple cadeau de noces en argent, sans doute. Mais « l'émerveillement grandit », lorsqu'une magnifique bague d'opale de feu, superbement sertie de diamants, jaillit de son nid de coton rose, comme un arc-en-ciel condensé, cerclé de rayons de soleil.

Dans le paquet, avec la boîte, se trouvait une note adressée à « l'ami du prisonnier ». Cela s'est déroulé ainsi :

> " Chère Dame, je suis maintenant un homme riche. Votre
> gentillesse restera à jamais dans les mémoires ; et puis-je

demander vos prières pour ma prospérité future dans cette vie et une agréable rencontre avec vous dans la vie à venir.

"Priez, acceptez la bague ci-jointe, avec mes vœux les plus chaleureux pour la santé, la prospérité et le bonheur de vous et des vôtres. Je reste, avec un grand respect,

"Votre obéissant serviteur,

Adam Beale."

Cette nuit-là, de tout cœur, je confiai à ma famille le récit de cette étrange aventure de minuit, dont la suite touchante fut ce coûteux cadeau. Le cher Alcibiade (c'est à son honneur éternel qu'il soit enregistré) ne m'a pas tourmenté l'âme à cette occasion avec un simple « Je vous l'avais bien dit ! Le soir de mes noces d'argent, je portais la bague d'Adam. Mes amis furent informés que j'avais résolu de ne jamais divulguer le nom du donateur de cette superbe opale ; pourtant, maintenant que je suis une vieille femme, dans l'espoir que cela puisse apporter un léger encouragement à ceux qui cherchent à alléger le lourd fardeau humain du péché et la misère qui en résulte, j'ai pensé que cela ne serait peut-être pas imprudent ou indélicat. pour révéler le secret longtemps gardé de mon Opale de Feu.

L'HISTOIRE DE JOHN GRAVESEND

J OHN GRAVESEND , n'étant ni un gobelin, ni un lutin, ni une fée, il est logique d'en déduire que son existence dérive d'un père mortel ; bien que de ce père, lui, John, n'eut pas la moindre idée.

Pauvre petit Jack ! Il était ce que les hommes (utilisant à mauvais escient les mots les plus sacrés) ont appelé un « enfant de l'amour ».

Son père n'était clairement qu'une déduction ; et quant à sa mère, elle n'était guère plus qu'un souvenir.

Il se rappelait, dans un lointain lointain, le visage d'une femme aux yeux tristes, sur les genoux de laquelle il avait dit : « Maintenant, je m'allonge », avec sa petite tête endormie à moitié enfouie dans les doux plis de sa robe de soie. Il se souvenait du même doux visage, plus pâle, immobile et glacial. Il ne disait pas *alors sa prière* . Il pense qu'il pleurait. Quoi qu'il en soit; Jack pleurait beaucoup à cette époque. Il pleurait parce qu'il avait froid, qu'il avait faim, qu'il était fatigué ou qu'il était battu ; et, plus tard, il tomba dans une manière de réclamer un bien indéfini – quelque chose que ni la chaleur, ni la nourriture, ni le repos ne pouvaient lui offrir. Ce vague sentiment d'irréplétion était apparu pour la première fois au garçon désespéré lorsque, un certain jour, rampant autour de Long Wharf comme un rat à moitié affamé, il avait vu un autre garçon vêtu d'une veste de velours et avec de beaux cheveux en soie de maïs, les bras croisés. d'une belle dame, mais qui vient de débarquer d'un bateau à vapeur nouvellement arrivé. À partir de ce moment-là, une nostalgie indéfinie de ce quelque chose d'indéfini que l'autre garçon avait reçu de cette gentille dame hantait ses jours d'amour.

Parfois, il se retrouvait à pleurer pour cela. De cela – et de tous les autres pleurs – Jack, étant un petit garçon viril, avait si profondément honte que (pour reprendre ses propres mots) il « s'est juré de ne jamais rien dire à ses parents ». Les « parents » de Jack étaient : un oncle réputé, charpentier naval de métier. Une créature au visage habituellement rouge; croisé le matin et méchant le soir ; chroniquement maussade les jours de semaine et invariablement enjoué le dimanche ; car alors c'était la prérogative du charpentier de marine de s'enivrer superbement !

Durant ces célébrations du sabbat, l'homme (n'ayant pas d'enfants de son propre corps à maltraiter) se divertissait souvent en harcelant son petit neveu en haillons ; qui, plus ou moins battu, s'extirpa adroitement de son étreinte, et, cherchant son repaire familier, le quai, y fatigua la dure journée. Les autres « parents » de Jack étaient l'épouse de l'oncle susmentionné ; une pauvre créature intimidée, au visage pincé et pâle et aux cheveux pâles et couleur carotte. Lorsque le garçon, un dimanche, ne se présentait pas facilement, la tante était battue à sa place. Elle ne s'enfuit pas, ce pauvre bouc émissaire sans esprit, mais montant avec lassitude un escalier en forme d'échelle, elle se réfugia dans le grenier. Plus tard, alors qu'un sommeil ivre enveloppait son seigneur, elle réapparut sur la scène, les lèvres serrées et le visage si blanc et si horrible que le petit Jack, se souvenant vaguement de cet *autre* visage encore blanc, se glissa avec inquiétude dans la lumière du soleil et essaya de oublie ça.

Un jour, alors que le charpentier avait terriblement battu sa femme et qu'il y avait du sang sur sa robe propre du dimanche, elle ne se rendit pas, comme d'habitude, dans cette « ville de refuge », le loft ; mais, gémissant faiblement, il tomba à terre. L'oncle de Jack plongeant alors sur *lui*, l'enfant se précipita vers le quai aussi vite que ses petites jambes tremblantes le permettaient. Après avoir jeté bon nombre de pierres dans l'eau, observé tant de nuages et de vaisseaux passer, et vu l'eau cramoisie avaler le soleil de feu gonflé, le petit Jack eut faim et pensa qu'il était grand temps de rentrer à la maison. ses parents. Petite épave désespérée ! Ses *parents*, aussi insatisfaisants soient-ils, n'étaient plus disponibles.

Il trouva la demeure du constructeur naval remplie d'hommes et de femmes excités. Sur le lit gisait un tas blanc et immobile. Imaginant que ce pouvait être la tante au visage pincé, qui l'avait si longtemps partiellement nourri et habillé, l'enfant s'avança et, rampant doucement jusqu'au lit, toucha, de sa petite main sale, ce visage immobile et blanc.

Pouah! *Ses* parents n'ont jamais été aussi froids que *ça* !

Repoussé par cette horreur glaciale, l'enfant s'enfuit tranquillement et, accroupi timidement dans un coin éloigné de l'appartement bondé, observait tout cela.

Il y eut beaucoup d'agitation dans la maison des parents de Jack ce dimanche soir ; et l'oncle de Jack, regardant fixement une foule béante d'hommes, de garçons et de femmes à la tête renfrognée, et soutenu par deux vaillants dignitaires de la loi, fut finalement transporté absolument au-delà de sa vision enfantine. Après cela, un autre gentleman, en boutons brillants, fit sommairement nettoyer la maison et ferma la porte à clé, avec l'enfant du mauvais côté ; et, ignoré, affamé, sans abri et désespéré, le garçon s'éloigna silencieusement. Et c'est tout ce dont Jack se souvient de ses parents. Le tableau suivant dans sa mémoire est celui d'une cabine de navire et d'un gros steward en tablier blanc qui, comme il s'en souvient bien, parcourait activement la descente, allant chercher des viandes fumantes et emportant des assiettes vides et des verres souillés. qui avait souvent, au fond, un minimum de quelque chose de fort et de joli. Il aimait ça – cette matière fine et ardente ! – et quand on en avait laissé des cuillerées entières dans les verres, et qu'on l'avait laissé les égoutter toutes, il se sentait aussi joyeux que possible ; et, à l'heure du coucher, il s'en alla vers sa petite couchette, heureux comme un roi. Mais quand, à l'heure du dîner, le steward, dans son empressement, le chassa du chemin et le traita de « petit fils de fusil, qu'il avait fait entrer clandestinement dans l' *Argo (comme un lubber au cœur tendre). pour sauver de* l'hospice", Jack s'enfuit tristement vers sa couchette pour pleurer seul.

Oui, il se souvenait bien de combien de temps il y a longtemps – très longtemps même semblait-il dans la mesure enfantine du temps de Jack – cette faim cruelle rongeait son pauvre petit estomac épuisé, lorsque la porte de ses parents était bien verrouillée et qu'il rôdait misérablement. à propos du quai ; et comment le bon intendant l'avait ensuite trouvé et nourri. Depuis ce jour, il s'était accroché à son libérateur, sa providence, comme un épagneul reconnaissant, et, toujours à ses trousses, le voilà sur le grand *Argo* , naviguant sans doute jusqu'au bout du monde.

Oui, il savait tout cela ; et il voulait être reconnaissant et bon ; mais était-il, avec certitude, "un fils d'arme ?" Son père, comme nous l'avons dit précédemment, n'étant qu'une déduction, Jack conclut, dans l'ensemble, qu'il *pourrait* l'être.

Peu à peu, lorsque le vieux régisseur (dont la morsure n'était en aucune façon aussi redoutable que son aboiement) eut fini de se débarrasser de son "hurry-skurry", et, après lui avoir donné son dîner, le jeta d'un air espiègle au plafond, comme un petit petit dodu. comme il l'était, lorsqu'il lui faisait jouer toutes sortes de tours de singe pour sa propre diversion et celle de l'équipage, le traitant de « drôle de rasoir », au lieu de cet autre nom répréhensible, il oublia, pour le moment, ses griefs enfantins. , et était relativement content.

Il aimait l'intendant aux mains brutales qui tour à tour lui donnait des coups de pied et le caressait, et qui, à sa manière, l'aimait apparemment. Pourtant, prises au fur et à mesure, ces années n'étaient que des années inconfortables pour l'enfant aimant et sensible ; et les délicieuses boissons enflammées des gobelets de cabine étaient, dans l'ensemble, l'élément le plus confortable de la première expérience de garçon de cabine de Jack Gravesend.

Au fil des années, tour à tour une nuisance et un animal de compagnie, le garçon devint un assistant habile pour son vieux patron irritable et, arrivant dans le domaine des hommes, non seulement gagna les faveurs de l' équipage *de l'Argo* , mais trouva grâce dans les yeux de son capitaine. Lorsque le gros steward, dans un accès d'apoplexie, partit en toute hâte vers le casier de Davy Jones, Jack fut promu à sa place.

Le temps s'est accéléré. John Gravesend, d'un pauvre garçon de cabine, était devenu second de l' *Ohio* , lorsque William Ferguson, aussi gentil qu'un garçon aux yeux bleus qu'on pourrait saluer lors d'une croisière autour du monde, avait embarqué comme main de mât de misaine dans ce poteau. nouveau métier. C'est alors que notre héros connut pour la première fois ce bien suprême auquel il avait instinctivement aspiré tout au long de sa vie solitaire : le véritable amour d'une âme humaine.

Will Ferguson, un garçon délicat de dix-huit ans, ni par sa naissance ni par son éducation adaptée à la vie d'un marin, était le fils unique de sa mère, et elle était veuve. Il avait une toux persistante, issue d'une phtisie, et le médecin assura à Mme Ferguson qu'un long voyage en mer, si seulement elle pouvait y réfléchir, serait exactement ce qu'il lui fallait pour le garçon.

"Il y a l' *Ohio* ", a-t-il poursuivi, "maintenant au port, et un plus beau navire n'a jamais navigué." Son capitaine était digne de confiance et son second, qu'il connaissait personnellement . L'année dernière encore, il avait porté ce type à travers une crise de typhoïde, à l'hôpital de Chelsea, et si, comme il le disait, elle pouvait y réfléchir, il dirait un bon mot pour Will, à cet officier, Gravesend… John Gravesend – qui garderait sans aucun doute un œil bienveillant sur son garçon tout au long du voyage.

Madame Ferguson y réfléchit effectivement, même si la séparation fut comme si son cœur avait été arraché de son côté chaleureux et vivant . Et c'est ainsi que Will Ferguson partit naviguer hors de la vue ardente de sa mère sur le bon navire *Ohio* , spécialement confié aux soins de John Gravesend, et un garçon aussi mal de mer et de pays que jamais, sentant la saumure.

John Gravesend n'avait, comme on l'a montré, aucun « personne ». Un jour, au cours de sa vie amoureuse, il avait pris dans son cœur affamé un chat Angora blanc. Cette créature, d'instinct de beauté féline, s'était révélée d'un caractère très insatisfaisant et, devenue par conséquent odieuse pour tout l'équipage d'un navire, avait finalement été expédiée par un cuisinier irrité. Une famille de sept souris blanches avait succédé à ce peu aimable *protégé* . Ces minuscules cannibales avaient également déçu les espoirs de leur patron, une consommation domestique générale n'ayant finalement laissé, dans la cage autrefois peuplée, qu'un seul habitant. Le survivant, devenant finalement aussi branché que le « dernier homme » du poète, est devenu la proie de la mélancolie au lieu des souris. Après les efforts avortés ci-dessus, John Gravesend renonça aux animaux de compagnie ; mais voici, maintenant, ce pauvre novice, Ferguson, un garçon probable, et confié à ses plus tendres soins. Eh bien, l'aimer *en* vaudrait la peine. Et quand, au cours de leur première semaine d'excursion, par cette nuit sauvage et venteuse dans le poste de quart de Jack, le garçon, fiévreux et malade, prit sa matelot-infirmière, aux manières maladroites et tendres, pour sa propre mère bien-aimée, et, jetant ses jeunes bras autour du cou costaud de l'observateur, le suppliant de ne jamais, jamais, l'oublier, Jack fit le vœu fort et silencieux de ne jamais l'oublier. Hélas, il ne l'a jamais *fait* , car tel était son amer destin, ne *jamais* oublier Will Ferguson ! Cette période douloureuse passée depuis longtemps, le garçon se rétablit progressivement et fut bientôt en mesure d'être sur le pont et de service. C'étaient des jours heureux pour John Gravesend, et des nuits encore plus joyeuses ; pour l'instant, le garçon partageant sa montre sur le pont, les deux hommes pourraient, nuit après nuit, écouter le chant de la mer sur la quille *de l'Ohio* , regarder le clair de lune argenté la crête des profondeurs, ou, dans cette autre profondeur au-dessus d'eux, tracer la trace de l'eau. de splendides constellations scintillantes clairement et au loin ; Jack, quant à lui, filait pour Will des fils marins envoûtants, pleins du charme simple de cette connaissance quotidienne qui est le fruit de l'expérience, tandis que Will (qui était un garçon livresque) pourrait, à son tour, transmettre au marin non lu. cette autre connaissance qui est le fruit de l'étude. Et c'est ainsi qu'avant que l' *Ohio* ait accompli le tiers de son long voyage, cet homme et ce garçon étaient liés cœur à cœur, par une double corde d'amour, pure et sans passion, mais « dépassant l'amour de la femme ».

Pour Gravesend, c'était effectivement un moment de grâce. Plus de besoin de tendresse humaine, moins de soif de ce poison tentant qui avait attiré ses sens non surveillés au bon vieux temps de mousse, lorsque le steward occupé lui avait imprudemment permis de vider les verres à alcool. Le goût pernicieux ainsi engendré chez l'enfant avait, hélas ! grandi avec sa croissance et, parfois, avait même dominé l'homme fort. Dans la puissance de Samson, comme on nous le dit, il n'y avait qu'un seul défaut ; pourtant, *là-bas* , Dalila le trouva faible comme le plus faible. Il en fut de même pour notre marin et c'est pourquoi, à intervalles irréguliers, il y eut des jours décidément noirs dans la vie par ailleurs propre de John Gravesend.

L' *Ohio* , à destination de la Chine, jeta l'ancre en temps voulu à Canton. Jack et Will avaient obtenu l'autorisation de débarquer ensemble. Et c'est là que le démon de John Gravesend prit possession de lui. Durant tout ce long après-midi d'émeute ivre, Will (très étonné et consterné) n'a jamais quitté cette créature frénétique. Et quand Jack eut parcouru sa folle boue et, péniblement ramené au navire, fut finalement persuadé de monter dans sa couchette, où il gisait, en sécurité, mais brutal et insensé, le garçon se jeta avec lassitude sur le plancher de la cabine et Il poussa un long et long cri sanglotant – comme l'enfant qu'il était – l'enfant célibataire et aimant, dont la foi en une âme humaine avait été brutalement choquée et ébranlée. Le lendemain, Jack était redevenu lui-même. Un peu ennuyeux et aux yeux lourds, mais le même type vieux, gentil et sobre. Cette nuit-là, pendant leur surveillance, les amis en parlèrent de toutes parts. Jack n'avait aucune conscience distincte des agissements sauvages de la veille. Après avoir bu plus qu'il ne l'avait voulu, ou qu'il n'aurait dû, il avait imaginé que la foule s'était jetée sur lui et, la tête qui tournait, il s'était précipité incontinent sur la *foule* , et n'en savait plus jusqu'à ce qu'il se réveille le lendemain matin dans sa propre couchette confortable. , avec Will dormant encore avec lassitude sur le sol dur. Et maintenant, avec la main de Ferguson dans sa propre étreinte chaleureuse, Gravesend jura de ne plus toucher, goûter ou toucher cette chose impure ; et, pendant toute cette périlleuse quinzaine au port, il ne rompit pas une seule fois son vœu.

L' *Ohio* jeta de nouveau l'ancre. C'était dans le port de Boston, un soir de mai. Will Ferguson et John Gravesend ont débarqué ensemble. Le mois était, cette année, arrivé avec le sourire, et la jeunesse de Boston avait défilé en mousseline et en verdure à sa guise. Sur la Commune, persistait encore un souffle de fête du 1er mai. Un vent doux du sud s'agitait parmi les arbres à feuilles nouvelles, un vent murmurant délicieux, prophétisant des violettes, des jonquilles et d'innombrables délices printaniers à venir.

Lors de nuits aussi envoûtantes, mais énervantes, le sang jeune et tumultueux jaillit avec ardeur à travers des pouls accélérés, et, pour une heure, il suffit de vivre dans le présent doux et sensuel ; l'âme n'aspire pas à un bien supérieur. Will Ferguson, jusqu'à présent, n'avait développé aucun goût pour cette procédure imprudente de jeunesse, appelée en guise d'excuse « semer la folle avoine ».

Un long voyage en mer, et les limitations sociales qui en résultaient, avaient cependant éveillé chez le garçon un besoin juvénile légitime de s'amuser et de s'ébattre, et, avec la sorcellerie de cette nuit de mai, l'arrivée au port, la pensée ravie du retour à la maison, mère, et ce joyeux salut de la jolie Kate Benson demain à Springfield, il était, comme il l'a déclaré en riant, « plein de bonheur et prêt à toute sorte d'alouette ». Aux beaux jours, il n'avait pas complètement oublié cette journée noire à Canton et avait, en lui-même, résolu de « tenir bon chaque fois qu'il sentirait du mal pour Jack ».

Déambulant paresseusement dans North Street, les deux hommes furent brusquement arrêtés par le tintement joyeux d'un violon. "Un violon et une valse !" Cela a mis les joyeux pieds de Will en marche ; et tandis qu'il se traînait, à la façon d'un garçon, sur le trottoir, un personnage souriant, sortant de la porte d'un certain édifice ayant sur son entrée l'appellation enjouée de "Dance House", avec un "Bonjour, là, mes amis !" les supplia "Venez dans un moment et voyez le plaisir."

Or, Jack Gravesend était tout à fait conscient que dans une maison de danse, « le plaisir » a un caractère discutable. Qu'à l'intérieur se trouve « le chemin de l'enfer qui descend vers les chambres de la mort » et, étant un homme au noyau pur, il n'avait aucune affinité lascive avec une maison de danse ; mais

Will était là, ardemment curieux. Il aimait faire plaisir au garçon ; et (il faut le dire à vrai dire) lui-même, en cette nuit de mai, était quelque peu démoralisé. C'est ainsi que, attirés par la musique joyeuse et les sollicitations cordiales du promeneur de la porte, tous deux franchirent le seuil de ce lieu maléfique. Bacchus, aussi connu soit-il (tout autant que Vénus et Terpsichore), préside les festivités de la maison de danse, et Will Ferguson, bientôt las du « plaisir », qui n'était nullement à son goût, trouva, à son grand désarroi, , que Jack Gravesend succombait faiblement aux fascinations du « Jolly God ». Incapable de le convaincre de quitter cet endroit, il s'attarda, déplorant intérieurement sa propre folie curieuse ; mais résolu, peu importe ce qui arriverait, à voir Jack se sortir du pétrin. Ce n'était pas dans la nature de John Gravesend de faire les choses à moitié. Tout ce qu'il faisait, il le faisait avec cœur et puissance ; et, ayant décidé de boire, il *but*, jusqu'à... ah, eh bien ! les orgies bestiales d'un troupeau circassien ne sont pas choses à décrire, bien qu'elles se déroulent la nuit dans les maisons de danse de notre propre métropole.

C'était un grand jour. Jack Gravesend se réveilla. Il se frotta les yeux et regarda autour de lui avec curiosité. Où était-il? Étrange! Il n'aurait pas pu se coucher *ici*. Il se releva et se réveilla en se secouant. Deux hommes à l'air scélérat, s'étant levés de deux lits voisins, faisaient de même. "Bonjour, camarades de bord !" » dit Jack, maintenant à peu près debout ; "donnez un coup de main ici et dites-moi où je suis."

Les deux cambrioleurs - car ils l'étaient - étant bien informés des principaux détails de son arrestation, se regardèrent d'un air entendu et sourirent avec une signification sinistre particulièrement agaçante pour Jack, et le cambrioleur numéro un fit remarquer à son associé : " Bon sang, Bill ; c'est *un* vert ! Il veut savoir *où il est* ! tu es un brindille, Bill, tu es en prison, c'est sûr ?

"Au *cachot* !" dit Jack ; "Et comment diable suis-je *arrivé* ici ?"

" *Amené* ici, bien sûr, " répondit son informateur, " ce n'est pas une route que les gens parcourent généralement pour leur propre compte, hein, Bill ? " Bill acquiesçant, avec un clin d'œil prodigieux, Jack posa une troisième question : "Et *pourquoi* diable puis-je être ici ?"

" *Ici* pour?" répondit le voyou bavard. "Un travail noir et tonitruant, ma crique ! Je me suis saoulé la nuit dernière et *j'ai tué* un homme !"

" *Tu as tué* un homme ! " » gémit Jack, ses yeux se dilatant et sa chair rampant d'horreur soudaine. "Tué un *homme* ! Mon Dieu ! que dira Will Ferguson ?"

"Ferguson ? Bill—Bill Ferguson," grogna l'autre cambrioleur. "Par Jiminy, Tom ! Il veut savoir ce que Bill Ferguson va dire ! Très *petit* , *je pense* ; il est sur le point de dire ce *qu'il* a dit ! Pourquoi, grand-père, Bill Ferguson est le type très indentercal pour lequel tu as fait !"

L'officier L... s'est longtemps souvenu d'un cri qui a réveillé les échos du cachot, ce matin de mai. Cela aurait pu être le cri d'une chose traquée aux abois, le cri d'un mortel dans une extrême extrémité, le gémissement désespéré d'une âme tourmentée par l'enfer.

Tournant la clé dans la serrure du n° 17, il entra en toute hâte dans cet appartement. Sur le sol, face contre terre, gisait un homme.

"Cove en crise", expliqua le facétieux Tom. "Bill, là, j'ai parlé de la tuerie, et il a poussé un hurlement et est parti en un tournemain."

L'officier L... était humain. Bons hommes, Dieu merci ! occupez bon nombre de ces humbles places d'autorité. Faisant taire le voyou audacieux, il demanda aux deux hommes de l'aider à relever la forme insensée et à l'ajuster sur le grossier lit de camp. Ceci fait, il lissa les cheveux ébouriffés, essuya l'écume des lèvres violettes et frotta les grandes mains brunes aussi utilement que si elles eussent été la petite « May », le cher agneau malade de son joli troupeau. Enfin, les convulsions cessèrent et l'homme frappé reprit conscience.

Comme dans un rêve dont on se souvient vaguement, les paroles brèves et cruelles du cambrioleur se sont rappelées au cerveau ahuri de Gravesend. Un regard sur le visage aimable de l'officier le rassura. Se levant faiblement, il tomba sur ses genoux tremblants et pria de manière brisée pour tout entendre. Il « allait de nouveau bien et voulait connaître toute la vérité. Il pouvait supporter le *pire* et l'en remercierait ; en effet, monsieur, il le ferait ». Le « pire » fut bientôt annoncé.

Il y avait eu, expliqua l'officier, la nuit précédente, une dispute ivre dans une discothèque de North Street. Le prisonnier avait malheureusement été mêlé à cette affaire et, dans la frénésie passagère de l'ivresse, avait brandi son poignard sur une femme. Un jeune homme, qui jusqu'alors avait assisté à la mêlée, sans prendre part à la *mêlée* , s'est précipité pour arrêter la main de l'agresseur, et a lui-même reçu le coup meurtrier. Les bagarreurs avaient été dûment arrêtés, le jeune homme transporté à l'hôpital, où, sa blessure s'étant révélée mortelle, il avait expiré en une demi-heure.

Sur son corps, un petit journal avait été retrouvé. Il était inscrit :

"Willie Ferguson, de sa mère.
Springfield, 1er janvier 18—."

Will—Fergus-on, Springfield,—18— Will—Springfield—de—sa—mère.
18—Volonté, Willie, Volonté. Will Ferguson. Il avait juré de ne jamais
l'oublier. Il tient son serment ! Will—Will Ferguson. Le voilà; sur les murs,
au plafond, de haut en bas, de haut en bas ! Partout, partout, le *nom* , le nom
las, *las* !

Il l'a épelé encore et encore, en avant et en arrière, vite et lentement, fort et
doucement, encore et encore, jusqu'à ce que son cerveau tourne ; et des
étincelles, comme de méchants petits esprits, dansent devant ses yeux tendus,
et maintenant, recroquevillé parmi ses oreillers, il s'efforce de se cacher de ce
terrible nom de poursuite. "L'étouffement ? Ils veulent l'étouffer, n'est-ce pas
?" Il sort de son oreiller et, sauvage et impatient, scrute sa chambre. Sang! du
sang partout ! Le couvre-lit en est tâté ; ça coule sur les murs ; il repose dans
des flaques coagulées sur le sol ! A la fenêtre est assis un chat Angora, blanc,
tacheté de rouge ; elle lape avidement une bassine de sang toujours pleine !
Un couteau est suspendu là-bas. C'est un couteau-poignard, brillant et neuf.
Sa poignée est lettré. Les yeux douloureux, il épelle : « Jack, de Will. Canton,
18 ans… ». Qu'il atteigne ce couteau et le jette à la mer ! Il est lié ; il se débat
; mais il ne peut pas se libérer ; et il y a toujours le couteau, horriblement
familier, avec le *nom* qui le regarde du haut de son poids, jusqu'à ce que chaque
lettre devienne une langue de serpent moqueur, sifflant encore et encore dans
son oreille tourmentée : "Will ! Will ! Will Ferguson !" Il frissonne ; son
cerveau est en feu ; il ne peut plus regarder ni écouter ; il ne peut que gémir
pitoyablement : « Pitié ! pitié ! Dieu ait pitié ! Ils portent un verre à ses lèvres.
Il a terriblement soif ; et ici il n'y a pas de sang ; seulement un innocent liquide
teinté de safran. Il le vide avec des lèvres avides. Il est plus cool maintenant.
La pièce devient sombre. Il ne voit plus ce maudit poignard. Quelqu'un avait
essuyé le sol et l'a détaché.

Un vent doux du soir, juste le murmure très oisif de la terre qui s'est égaré
parmi les feuilles cette nuit-là pendant que Will et lui flânaient dans Boston
Common, se promène par la fenêtre ouverte. Il vanne l'air chaud, il souffle
sur son front fiévreux, « comme la bénédiction qui suit la prière ». Il dort et,
dans son rêve, est de nouveau avec Will et à bord de l' *Ohio* . Encalminé dans
le Gulf Stream, à proximité du charmant « Pays des Fleurs », se trouve
l'immense embarcation inutilisée. C'est le sabbat, et les marins, inactifs
comme le navire, se rassemblant en groupes paresseux, discutent
agréablement de leurs épouses et de leurs amies (car ils sont sur le point de
rentrer chez eux). Will, à moitié appuyé sur une bobine de corde, lit à haute
voix son testament de poche rouge. Il est tombé par hasard sur ce passage
du rêve du voyant de Patmos : « Et ceux qui avaient remporté la victoire... se
tiennent sur la mer de verre, ayant les harpes de Dieu. » La victoire!" Ah !
c'est une chose *difficile* à obtenir ! *Lui* , *John Gravesend, tiendra* -t -il un jour dans

sa main une harpe de Dieu ? Tandis qu'il tourne le texte dans son esprit, regardant avec mélancolie au loin, à travers les profondeurs vitreuses, Will se lève silencieusement, marche rapidement vers l'arrière et, sans un mot d'adieu, tombe tranquillement dans la mer. Il s'efforce de suivre. En vain! Ses membres sont retenus par une lourdeur de plomb. Aux prises avec ce démon du sommeil, il se réveille enfin. Se levant d'un bond, il fouille avec impatience la pièce vide et éclairée par la lune. Il appelle doucement : « Will, Will ! Pas de réponse! Il a envie d'un léger soupir sous sa fenêtre. Will est là, bien sûr, l'attendant sous l'agréable clair de lune. Il lui suffit de se laisser tomber doucement au sol pour le rejoindre. De légères barres de fer traversent la fenêtre ; il est fort; il les tire vaillamment. Ils cèdent ! Ils sont déplacés, et maintenant seulement cette maigre ceinture et un bout de verre entre lui et Will ! Ceux-ci sont bientôt démolis. La fenêtre est basse et, tombant sans bruit dans la cour, il crie doucement : « Will ! Will ! Pas de réponse. Étrange! Il y a un instant, il était là ! Il fait frais et calme ici sous la lune d'été, et Will ne peut pas être loin, peut-être par-dessus ce mur. Il l'escalade. "Pas ici ? Eh bien, il va courir un peu et le rejoindre." Et il continue à courir. Encore et encore, pendant cette longue nuit d'été. À travers des parcelles de jardin parfumées de rosée, sur des pelouses bien taillées, dont l'herbe tendre est comme du velours à ses pieds nus et fugitifs. À travers de larges prairies humides et des ruisseaux bas et bavards, jusqu'à ce qu'il soit enfin sur la longue route blanche. Flotte comme un chien sur l'odeur du vol, ne s'arrêtant que pour écouter et murmurer d'une voix rauque à la nuit insouciante : "Will ! Will ! Will !" il se dépêche. Une forme à moitié vêtue, semblable à un fantôme, poursuivant un fantôme à bout de souffle. La lune se couche. Les étoiles pâlissent dans l'aube calme et douce, quand, au détour d'un bois enchevêtré, pâle et épuisé, l'écume s'accumulant sur ses lèvres, le sang coulant de ses pieds déchirés, il s'arrête ; et, chancelant faiblement dans un couvert odorant de sous-bois en fleurs, tombe à plat ventre sur la terre. Un ange aux ailes larges et bienveillantes, le plus doux de tous les serviteurs de Dieu, descend pour couver tendrement cette créature désolée : le *sommeil*, messager de la paix, précurseur de cette quiétude éternelle qui reste quelque part pour tous les enfants fatigués de la vie !

Le matin suivant, les lecteurs avides de sensations du Boston *Morning Chronicle* ont lu, avec un plaisir caractéristique, ce qui suit :

GRANDE EXCITATION !!!

Un meurtrier fait semblant d'être fou et s'échappe !

Les citoyens de Taunton et de ses environs ont été surpris
ce matin par la nouvelle de l'évasion d'un patient de notre
State Lunatic Hospital. L'homme a été introduit pour

traitement depuis la prison de Charles Street et son nom est John Gravesend.

Nos lecteurs se souviendront sans doute de lui comme du misérable abandonné qui, il n'y a pas longtemps, fut arrêté dans cette ville pour le meurtre du jeune Ferguson, un simple garçon, qu'il avait attiré dans l'un des repaires de North Street, et là , après avoir volé à sa victime une grosse somme d'argent, a massacré le garçon malheureux. La mère de Ferguson, comme on s'en souvient, est décédée peu après d'un cœur brisé. En attendant la sentence de son crime, Gravesend, après avoir réussi à feindre la folie, fut envoyé à l'asile d'État. Dans la nuit du 15, le gardien de l'asile, faisant sa ronde à dix heures, trouva Gravesend, comme il le supposait, profondément endormi. A deux heures, le coquin était parti. Étant un homme doté d'une grande puissance musculaire, il avait déplacé la grille de sa fenêtre et avait ainsi réussi à s'échapper. Le misérable a été traqué sur plusieurs kilomètres, et l'on nous informe que deux détectives efficaces, assistés par *des employés de l'hôpital* , sont désormais à sa poursuite. D'autres attentats sont imputés à ce méchant audacieux, et on laisse entendre qu'il est impliqué dans un certain meurtre mystérieux, qui fait pourtant frémir d'horreur notre communauté. Une grande alarme règne dans les environs, et on espère que le fugitif sera rapidement arrêté.

Ce monstre « assoiffé de sang » a été, l'après-midi qui a suivi son évasion, retrouvé endormi aussi placidement que les « Bébés dans la forêt » parsemés de feuilles, dans ce refuge fleuri où nous l'avons déjà suivi.

De ce long sommeil semblable à une transe – la crise de sa maladie mentale – John Gravesend s'est réveillé, avec des membres tendus et endoloris, et un cerveau encore brumeux à cause du délire. Restauré à l'asile et soigné pour son mal, il revint peu à peu de ce monde labyrinthique dans lequel, depuis plus de deux mois, son esprit errait avec lassitude.

Esprit et corps dans leur état normal, il a été placé en détention provisoire, puis traduit en justice pour la destruction volontaire d'une vie qui lui était plus chère que la sienne. Plaidant coupable et légalement condamné pour homicide involontaire, il a été condamné à la détention à perpétuité dans la prison d'État. Impassible, il entend le terrible mandat qui le condamne à un bannissement à vie du vaste et beau monde de Dieu. Avec lui, le Rubicon fatal est déjà passé. Il a tué la bien-aimée. La vie ne réserve pas de malheur plus lourd ; et la mort n'a pas en réserve une douleur plus terrible.

UN BOUCHON DE VIOLETTES.

VOICI Neilson, il fait sa promenade de l'après-midi, " dit le bon garçon en main, examinant nonchalamment la cour de la prison depuis la fenêtre grillagée près de la porte de la salle de garde, qu'il était sur le point d'ouvrir pour ma sortie. Neilson ! et dans la cour ? Il me fallait enfin rencontrer ce méchant ! J'étais, sachez-le, en route vers l'hôpital de la prison, portant un panier de violettes de Parme à distribuer à une vingtaine de mes camarades pécheurs, maintenant étendu sur des lits durs, ou assis avec lassitude sur des chaises plus dures, dans ce département légèrement pénal de l'institution ; et, sans doute, ne méritant pas éminemment d'agréables reniflements de violettes de Parme, à cette annonce inattendue du clé en main, un frisson froid courut. dans mon dos, car Neilson, même dans les cercles carcéraux, était considéré comme un homme désespéré. Il était à la fois un voleur et un meurtrier et, depuis quinze ans, il purgeait une peine d'emprisonnement à perpétuité dans l'une des mornes cellules du " ; Arc supérieur."

Cinq de ces terribles années avaient-il passé dans une solitude ininterrompue, mais, depuis l'avènement de l'actuel directeur de prison humain, Neilson avait été autorisé à faire quotidiennement une heure d'exercice dans la cour de la prison, un enclos ensoleillé, ouvert sur les ateliers, l'aile de l'hôpital, et indirectement sur « l'Arche supérieure ». Au centre de cette cour, « le nouveau gardien » avait fait aménager un joyeux parterre de fleurs, et maintenant, en avril, des crocus multicolores égayaient déjà ses bordures.

C'est juste avant l'établissement de la belle et serviable Mission des Fleurs que j'entrepris, non sans un certain découragement, d'essayer derrière les barreaux l'effet gracieux des violettes, des roses, des roses et des chagrins d'amour. D'après mon expérience *alors* limitée, être enfermé hors de la salle des gardes amicale et envoyé seul à travers la cour de la prison ne m'avait pas été agréable ; et, par respect pour mes craintes infondées, un officier avait été chargé de m'accompagner de la prison principale à l'infirmerie. Au fil des années, ma popularité sociale à la prison d'État devint bien assurée, et les détenus m'exprimèrent une certaine surprise face à cette précaution inutile ; et un ami de la prison (un voleur de grand chemin) m'avait même assuré que « si quelqu'un dans cette prison mettait le doigt sur moi, il serait mis en pièces par les hommes, avant de pouvoir dire Jack Robinson ».

Bien que peu convaincu que la démolition totale d'un autre être m'indemniserait des "scaith et scart" qui pourraient revenir à ma pauvre personne dans la *mêlée* , c'est sur cette assurance que j'ai décidé de me passer de l'escorte officielle jusqu'à l'aile. . Jusqu'à présent, mes visites avaient été si bien programmées que le redoutable « Solitaire » n'avait jamais croisé mon chemin. Regardant anxieusement par la fenêtre, j'ai fait un rapide tour d'horizon de la cour. Un officier s'approchait de la porte d'un atelier éloigné. Deux ou trois détenus se trouvaient, à différents points d'observation, traversant la cour en traînant les pieds. Eh bien, il était trop tard pour montrer la plume blanche. Le clé en main avait déjà déverrouillé la porte et attendait. Je lui ai tendu un petit bouquet (le brave homme adorait les fleurs, et je n'ai jamais oublié ce joli "Sop à Cerbère"); et maintenant, saisissant fermement l'anse de mon panier de fleurs, « le cœur dans la bouche », je le remerciai tandis qu'il me retenait la lourde porte et m'éloignais en tremblant.

Avec un bruit de fer dur, la porte se referma derrière moi. En descendant un escalier spacieux, je me trouvai dans la cour de la prison et, au même moment, confronté à... oui, ce doit être cet horrible individu, Neilson, lui-même ! Et c'était un misérable au visage sinistre, avec ses petits yeux de furet, sa bouche grossière et son menton épais. Il traînait les pieds en marchant et, avec un regard mauvais, me regardait hardiment en face.

"Un sujet difficile", ai-je déterminé mentalement ; mais la « dépravation totale » n'est pas un article de mon credo, et je *crois* en l'humanité. En un instant, j'avais écarté toute crainte de Neilson, dans mon zèle pour sa réforme, et, m'approchant de lui avec un bon après-midi amical, dans lequel j'insinuai toute l'approbation que je pouvais en conscience accorder à une créature aussi rébarbative, je je lui ai tendu, de mon panier, un bouquet de violettes. Il les a pris et, avec un signe de tête maladroit, mais sans un mot de remerciement, il est parti, me laissant le cœur allégé. Et maintenant, je m'arrêtai un instant pour échanger des civilités avec l'officier que j'avais aperçu depuis la fenêtre du corps de garde. Nous étions de bons amis et je lui suis redevable de bien des grâces. Il jeta un regard désobligeant à mes fleurs et, pour soulager mon chagrin, je dis : « Eh bien, je viens de donner à Neilson un bouquet de violettes ; imaginez-vous qu'il s'en soucie ?

« Neilson ? » » demanda-t-il, visiblement perplexe.

"Oui, Neilson," répondis-je, "ce petit et gros homme là-bas, le voilà *maintenant* ! il entre par cette porte !"

" Dieu soit béni, ma bonne dame, " s'écria l'officier, " ce n'est pas Neilson ! Le voilà *;* ne le voyez-vous pas, le grand gaillard avec le nez en l'air, debout là près du lit de crocus ? Si s'il y a des fleurs dans le jardin, Neilson est sûr d'en aller chercher près d'elles.

"Est-il?" J'ai dit; et à partir de ce moment, « une camaraderie m'a rendu gentil ». J'étais sûr de la bonne volonté ultime de Neilson. Cependant, ayant épuisé l'attrait du lit de crocus, il s'avançait dans ma direction, mais si lentement que j'eus le temps de faire un examen critique de ce personnage célèbre, homme grave et tranquille, de constitution svelte mais ferme, et même dans son uniforme grossier de prison, se présentant avec un certain air (si je puis m'exprimer ainsi) d'élégance savante.

Habillé convenablement, on aurait pu le prendre pour un ecclésiastique ou un professeur de Harvard. Choisissant le plus beau bouquet de mon panier, je lui souhaitai, pendant que nous nous rencontrions, un joyeux après-midi et, offrant les fleurs, je dis timidement (car je trouvais cette tombe, seigneuriale étant quelque peu inaccessible) : " Voudriez-vous un bouquet de violettes aujourd'hui ? Absorbé dans ses propres réflexions, il ne m'avait pas encore observé. Il s'arrêta, sortit de sa rêverie, et, soulevant avec un salut très cérémonieux son bonnet de prison usé, prit les fleurs de ma main, les sentit tranquillement et dit lentement : « Merci, madame, elles *seraient* bien rafraîchissantes. " Même si l'attitude de Neilson était éminemment stoïque, son visage était pitoyablement pâle et maigre, et dans son œil bleu délavé il y avait un monde de pathos patient qui me allait droit au cœur.

Alors qu'il était sur le point de mourir, je l'ai retenu un moment et lui ai dit avec empressement : « Si vous aimez les fleurs, si vous pensez qu'elles pourraient vous *aider*, je pourrais vous en apporter quelques-unes tous les lundis, lorsque je viens à l'hôpital."

« Les fleurs, répondit-il sentencieusement, *sont* rafraîchissantes ; et si cela ne vous gêne pas trop, madame, je serais heureux d'en recevoir quelques-unes de votre part chaque semaine. Après cela, il fut convenu avec l'obligeant clé en main de la salle des gardes que chaque lundi après-midi, avec son propre bouquet de boutonnières, un bouquet de « fleurs de saison » serait laissé sur son bureau et envoyé par lui à la cellule de Neilson. Et, de plus, m'assurant que Neilson n'avait pas de « visiteur », j'obtins du directeur la permission de mettre son nom sur ma liste de visites, parmi ceux d'une quarantaine d'autres détenus non visités, qui, en lieu et place d'une compagnie plus chère, *me recevaient* une fois sur trois. mois, dans le grand corps de garde. À ces occasions, il m'était permis d'apporter à mes tristes connaissances des fleurs, des fruits, du matériel de dessin et d'écriture, des livres, des tracts et des revues, ainsi que tous les bons conseils moraux possibles, — comme le « mouton sur la photo de famille du Vicaire » : "jeté pour rien." A leur tour, mes amis me confiaient des passages de leur vie qu'il convient de raconter à une dame ; ils me faisaient connaître leurs désirs et leurs aspirations et, presque invariablement, sollicitaient mon intercession auprès du gouverneur. (Car, quel que soit son crime, chaque condamné espère que, avec l'aide d'un intermédiaire amical pour présenter son cas, ce cadre au cœur doux « lui pardonnera » promptement.) Mais j'étais consciencieusement méfiant de ce service. Ce fut cependant avec plaisir que j'entrepris la vente de boîtes marquetées, de cadres de photographie et d'autres articles que les hommes trouvaient le temps et le matériel de fabriquer, et dont le produit leur permettait de souscrire à « Harper's », de posséder un livre ou deux, ou, mieux encore, pour faire un versement occasionnel à une mère, une épouse ou un enfant dépendant, laissé dans le besoin par sa propre folie. De tous les condamnés figurant sur ma liste, aucun ne s'est révélé plus satisfaisant que Neilson. Notre conversation, tenue selon le règlement de la prison, à portée de voix d'un officier, portait principalement sur la littérature ; car cet ancien voleur et meurtrier était un homme d'une intelligence non négligeable ; et ses énergies mentales, désormais nécessairement détournées de voies plus déplorables, avaient, au cours de ces années de loisirs solitaires, été si bien appliquées à son perfectionnement personnel, que d'une ignorance presque totale, il était devenu, à sa manière, un homme instruit. .

Avant sa dernière phrase (comme il me l'a dit), il savait à peine lire et ne savait même pas écrire son nom. Au cours de sa résidence dans « l'Arche supérieure », il avait maîtrisé à lui seul la lecture et l'écriture et avait fait de grands progrès en grammaire, géographie, arithmétique, géométrie, astronomie et diverses autres branches de l'éducation. Pour la lecture générale, il avait un goût prononcé et une appréciation correcte de l'excellence littéraire. Il tenait la fiction avec un mépris suprême et ne pouvait en avoir qu'une faible connaissance, car il m'a assuré que, dans toute sa vie (il avait maintenant cinquante ans), il n'avait lu qu'une seule histoire, "Le Vicaire de Wakefield". ". Comme la bibliothèque de la prison ne pouvait pas toujours fournir la nourriture mentale préférée de Neilson, j'ai entrepris de lui fournir les lectures qui lui manquaient ; et son utilisation prudente et le retour rapide d'un livre, avec sa fine appréciation de son contenu, ont fait de ce travail un plaisir.

L'histoire de Neilson, dont j'ai tenu une partie de sa propre bouche et le reste du directeur lui-même, s'énonce ainsi :

Anglais, né dans un bidonville de Londres et ayant grandi, comme toute mauvaise herbe, au hasard, il avait, dès son premier pantalon, naturellement été attiré par le crime. Une enfance de vagabondage et de petits vols mal passée, il devient dès son plus jeune âge un cambrioleur professionnel. Il avait connu de nombreuses prisons de son pays natal et s'était évadé à deux reprises de la « vile Durance », lorsqu'il avait été transporté à Botany Bay, d'où il s'était également évadé, en compagnie d'un autre cambrioleur et voleur notoire, qui avait été son complice dans le crime, pour lequel ils avaient tous deux été expatriés.

En retrouvant leur liberté, les deux hommes étaient venus dans ce pays et, à Boston, avaient entrepris ensemble le vol d'une banque. Pour ce crime, ils ont été dûment reconnus coupables et condamnés à sept ans de prison d'État. Avant d'être transféré de prison en prison, l'un d'eux a réussi à s'évader. L'autre, Neilson, avait partagé son butin avec son complice. Neilson était l'âme de l'honneur, cet honneur très discutable qui, selon l'adage, *peut* exister parmi les voleurs, et, bien qu'il informât obligeamment les officiers de la « banque », où *sa* part du pillage était enterrée (qu'ils récupérèrent), et, lors d'un entretien ultérieur avec eux en prison, ôta sa chaussure, sortit de son bas et leur restitua en outre une somme d'environ sept cents dollars, qu'il avait conservée comme argent de poche, et ainsi ingénieusement introduit clandestinement en prison, ni les supplications ni les pots-de-vin ne pouvaient l'inciter à révéler quoi que ce soit sur le pillage de son complice.

On a affirmé de Neilson que, dans les mauvais jours mentionnés ci-dessus, il n'a jamais toléré la violence, mais qu'il a exercé sa profession, pour l'essentiel, sans blesser personnellement ses victimes, accomplissant ses objectifs plutôt par stratégie que par brutalité. Et pourtant, si étrange que cela puisse paraître, cet homme lui-même, un matin fatal, et, curieusement, c'était le jour même où sa peine pour le vol de banque avait expiré et où, quelques heures plus tard, il aurait été libéré. de la prison, alors que les condamnés marchaient en file de la prison à l'atelier, a lancé une attaque brutale et mortelle contre un codétenu inoffensif. Passant par-dessus l'épaule de son voisin dans les rangs, il frappa le malheureux prisonnier au cou avec un couteau de chaussure, sectionnant la veine jugulaire et provoquant la mort immédiate. Il n'y a eu aucune querelle entre les deux et aucune cause n'a pu être attribuée au meurtre, pour lequel Neilson a été, en temps voulu, jugé, reconnu coupable et condamné à être pendu.

Toutes les dispositions pour exécuter la sentence étaient prises, la potence érigée, la corde à la place, et l'aumônier rendant le dernier service de sa charge, lorsqu'un sursis de trente jours fut reçu du gouverneur.

Après réflexion, on a cru que Neilson devait souffrir d'une folie passagère et, comme il était connu pour être un homme de caractère pacifique et qu'il ne pouvait attribuer aucune cause à l'attaque, bien qu'il n'ait jamais montré *d'autres* symptômes de troubles mentaux, il a bénéficié du doute et sa peine a été commuée en emprisonnement à perpétuité. Ainsi, il s'est échappé de la tombe, pour ensuite être consigné dans un tombeau vivant. Au moment de notre première connaissance, Neilson, en tout compte, avait passé environ vingt ans dans la prison d'État. Pendant les premières années de sa peine, il n'a pas été autorisé une seule fois à quitter sa cellule, et sans l'humanité louable du nouveau directeur, il n'aurait plus jamais revu le soleil.

Les cellules de « l'Arche supérieure » ne sont pas, comme celles d'usage général, exposées ; mais, un jour, étant donné que je n'avais jamais abusé des privilèges qui m'étaient accordés par les autorités de la prison d'État, il m'a été aimablement permis de rendre visite à Neilson dans son propre appartement.

Suivant mon guide, je traversai un couloir humide et étroit, sombre jusqu'à l'oppression, et bordé de sinistres portes en fer, chacune solidement fermée par une barre et un cadenas. Beaucoup de ces cellules sont temporairement habitées par des prisonniers réfractaires, et, à mesure que j'y allais, un chœur discordant de gémissements, de cris et de jurons, mêlé à la dissonance de la gaieté maniaque de quelque misérable déséquilibré, devenu fou dans cette horrible solitude, saluait mon oreille réticente. À l'extrémité du couloir lugubre, une étroite fenêtre recouverte de toiles d'araignées jetait sa faible lumière. S'arrêtant dans la cellule du coin gauche, mon conducteur inséra sa clé dans le cadenas, le tourna, enleva la lourde barre et, ouvrant la porte, me conduisit en présence de Neilson.

J'ai trouvé la cellule un peu plus grande que le compartiment privé ordinaire de la prison, mais incroyablement humide, fétide et lugubre. Une étroite meurtrière, vitrée, grillagée et « hermétiquement fermée », laissait passer une faible lueur de jour. Une petite ouverture, ou guichet, près du bas de sa porte, et évidemment faite dans le double but de laisser entrer l'air et la nourriture, était maintenant bien fermée.

Comme mobilier, l'endroit contenait un lit grossier, avec un matelas de paille, des draps crasseux et une maigre allocation de couvertures grises et grossières, avec un oreiller en cosses ou en paille, une table en pin grossier, une étagère pour les livres et un tabouret. . Sur la table se trouvaient une tasse en fer blanc rouillée, une bouteille de vinaigre, une poivrière et une tasse de sel crasseux. Il contenait également deux cuillères en fer, un couteau et une fourchette à manche en corne et une Bible. L'étagère était bien remplie de livres, et parmi eux se trouvait un pot de cornichon en verre, désormais sacré pour les bouquets de Neilson, et contenant encore quelques fleurs fanées.

Neilson, lui, était à moitié allongé sur son lit et occupé à lire un livre. À mon entrée, il se leva avec une certaine confusion. Un appel avec Neilson n'était guère envisageable. Cependant son calme fut bientôt retrouvé, et, s'inclinant cérémonieusement, il me salua et, avec une dignité cordiale, fit les honneurs de sa cellule.

Il exposa avec fierté sa petite bibliothèque, et attira particulièrement mon attention sur l'excellence de l'étagère qu'il avait réalisée pour ses précieux volumes, au nombre d'une quinzaine ou d'une vingtaine. J'avais apporté à Neilson un minimum de ce mois de juin, dont le soleil vient aussi bien pour les bons que pour les mauvais enfants de Dieu, sous la forme d'un grand bouquet de roses de Damas. Remplissant son pot avec la tasse en fer-blanc rouillé, il les disposa avec soin, et leur odeur reconnaissante se répandit bientôt dans cet endroit morne. Une boîte de fraises rouges et bien mûres que June avait également, à cette occasion, offerte à son indifférent retraité ; et maintenant, heureux de laisser derrière moi même ce pauvre morceau d'été, j'ai fait un dernier triste aperçu de ce triste endroit et j'ai dit adieu à Neilson. Alors que je retournais avec gratitude à la lumière du jour de Dieu, méditant sur l'homme et sa triste demeure de toute une vie, il ne semblait pas étonnant que, se morfondant pendant quinze ans dans cette cellule triste, son cerveau ait parfois succombé aux horreurs de la situation. , car le directeur m'avait dit que parfois Neilson « perdait la tête ». C'est alors que, poursuivi par l'ombre vengeresse de « Morris », l'homme qu'il avait assassiné, ses cris réveillèrent la patrouille de nuit, qui dut appeler le gardien de son lit, pour coucher le pauvre fantôme, car Neilson crut que le gardien – et *lui seul* – le pouvait.

Pendant six bonnes années, il m'a été permis de rendre la vie un peu moins morne à Neilson, de l'exhorter à supporter avec un courage convenable la longue pénitence qui lui était justement accordée et, à ma manière maladroite et imparfaite, de lui suggérer la *divine* compassion. par moi *-même* .

Bien qu'il soit sans aucun doute de descendance plébéienne, un petit filet de sang doux a dû trouver son chemin indirect jusqu'aux veines cockney de Neilson. Jamais, dans tous nos échanges, il ne m'a choqué par une expression grossière ou une action mal élevée. Dans le choix de ses mots, il était même pointilleux, et son goût pour la composition des fleurs n'aurait guère pu être contesté par la personne la plus exigeante. Il avait invariablement l'allure et les instincts d'un gentleman. Ses prédilections diététiques, j'ai le regret de le constater, étaient parfois peu élégantes. Bien que très réticent à l'égard de ses besoins, il avait eu l'audace de solliciter un peu de fromage pour accompagner la tartelette que je lui servais volontiers à chaque fête nationale (le moment légal de la tarte en prison), et j'étais disait que plus le fromage était *fort*, mieux c'était. Il préférait également les oignons crus aux poires Bartlett, et je lui ai apporté de nombreux petits paniers de ce légume piquant, au grand désarroi de mes propres odorats contrariés. Il tenait en haute estime le poivre, les artichauts et les navets crus.

D'ordinaire paisible et placide, Neilson pouvait parfois être extrêmement en colère ; et je me souviens très bien de sa furieuse protestation contre l'aumônier de la prison, lorsque ce digne homme avait confisqué un ouvrage de James Freeman Clarke, qu'il avait trouvé en possession d'un condamné à l'esprit théologique, au motif qu'il s'agissait d'un « livre infidèle » et lecture inappropriée pour la prison.

Au fur et à mesure que les années lentes avançaient avec Neilson, il devint progressivement un homme brisé. L'"Arche" avait bien fait son œuvre destructrice et, environ cinq ans après que j'ai fait sa connaissance, il fut à jamais soustrait à son atmosphère délétère et cantonné en permanence à l'hôpital de la prison, où, comme ses camarades patients, il jouissait toutes les immunités légales accordées au prisonnier invalide.

Il pouvait maintenant trouver de l'espace pour ses membres à l'étroit, avoir une certaine camaraderie, *sub rosa* , avec les siens, et partir prendre le soleil dans la cour *ad libitum* . Pauvre Neilson ! cette liberté relative était arrivée trop tard. Il était maintenant atteint d'une tuberculose très avancée, souffrait de la maladie de Bright et le médecin avait également découvert de graves troubles du cœur. Son cerveau aussi participait à cet éclatement, et il avait maintenant abandonné la lecture et employait ses loisirs, lorsqu'il n'était plus soumis à la douleur, à de délicates sculptures ou à des marqueteries sur bois. Son travail, souvent de conception fantastique, était toujours d'une finition exquise, et parfois absurdement élaboré là où l'élaboration était tout à fait inutile (car avec Neilson, « les dieux voyaient partout »). Des heures de travail patient ont été consacrées à l'achèvement de « l'invisible ».

La bonne volonté unanime des instructeurs des ateliers de la prison rendait facilement accessibles au pauvre garçon les matériaux les plus délicats, et ses amulettes en ivoire, ses croix de nacre et ses boîtes en bois de satin marqueté trouvèrent, à l'extérieur de la prison, un marché tout prêt. marché, et un prix qui lui a permis, probablement pour la première fois de sa vie, de devenir propriétaire d'un argent honnêtement gagné. C'est à l'hôpital que Neilson a développé, avec une ingéniosité fantaisiste, pour mon pauvre moi, le plus remarquable des encriers. Le dessin embrassait un chameau debout sur une plate-forme couronnée de myosotis sculptés et inscrit avec une devise latine, faisant une référence énigmatique à l'habitude prévoyante de la créature. Malheureusement, la plate-forme, le chameau, avec ses deux bosses, la devise et les myosotis, occupaient une place si importante dans le dessin de Neilson, que son élément principal, l'encrier, dut pratiquement être omis ; et ne pouvait être évoqué que par un récipient peu profond, contenant environ un bon dé à coudre et perché dangereusement sur le dos irrégulier du chameau. De temps en temps, il m'était permis d'observer les progrès de cette création remarquable, et on me demandait un chameau représenté et de véritables myosotis, comme modèles.

Le gardien quelque peu grincheux de l'hôpital, prenant note de jour en jour avec mépris de l'avancement de mon encrier, lors de son achèvement final, m'a assuré sombrement que "Si Neilson avait été payé à la journée pour son travail sur *cette chose* , il ont coûté environ deux cents dollars ! » Pauvre garçon patient, c'était presque son dernier ouvrage ! Il était maintenant devenu trop faible pour descendre les escaliers de l'hôpital pour prendre son bain de soleil quotidien. Et peu à peu, sa place dans le salon, où les hommes qui pouvaient se déplacer se réunissaient le lundi pour écouter mes lectures, était vide. Il était maintenant allongé sur son lit de camp, vêtu de manière informelle d'une chemise à imprimé délavé et d'un pantalon rapiécé, qu'il portait tous deux avec une dignité qui lui était particulièrement propre. Sa tête était ornée d'un imposant bonnet de nuit en coton. Quoi qu'il lui manque, Neilson se démarquait toujours fermement pour un dernier verre. C'était pour lui une sorte d'insigne de respectabilité. Jusqu'à sa dernière heure, il n'a jamais perdu un instant cette supériorité d'attitude qui le distinguait même au milieu du cadre grossier et dégradant d'une prison. À la fin, il souffrit beaucoup, mais, à mesure que la fin approchait, son esprit devint merveilleusement clair, et il écoutait intelligemment la lecture et aimait la conversation.

Il ne donna guère de peine à ses serviteurs, chargés parmi ses codétenus de le soigner le jour ou de veiller avec lui la nuit, et, jusqu'à l'heure de sa mort, il fut stoïquement patient.

Il était à craindre que, dans l'égarement de ses derniers instants, l'ombre du « Morris » assassiné ne le torture à nouveau. La veille de sa mort, après avoir lu dans son livre de prières les offices pour les malades et les mourants, j'étais assis douloureusement à observer sa respiration laborieuse, alors qu'il était allongé sur des oreillers et avec une expression d'attente solennelle sur son visage impressionné. De temps en temps, un spasme de douleur lui contractait le front déjà humide de la rosée de la mort. J'essuyai tendrement son front humide, mis une cuillerée d'eau entre ses pauvres lèvres et, toujours pensant au vengeur, "Morris", me penchai vers son oreille et lui murmurai d'un ton rassurant : "Tu n'as pas du tout peur, *n'est*- ce pas, Neilson." Il ouvrit de grands yeux, et, avec un regard à demi reprocheur, répondit distinctement : « Peur ! peur de *Dieu* ! Ah ! madame, j'aimerais être *avec* lui maintenant ! Cette nuit-là, la prière de Neilson fut exaucée. Avec de grandes souffrances (car il était à l'origine un homme d'une constitution de fer, tous ses ancêtres, comme il me l'a dit, ayant survécu à leur quatre-vingt-dixième année), son esprit fut libéré du corps de son péché et de sa souffrance, pour retourner à Dieu qui l'avait donné.

Les obsèques de Neilson ont été accompagnées d'une cérémonie inhabituelle dans la prison, où les enterrements ne sont, pour la plupart, que de légères occasions et, dans certaines exigences, *ont* eu lieu sans même la grâce d'une prière de l'aumônier.

Ces funérailles ont été honorées par la présence du directeur et de l'aumônier. Une trentaine d'hommes des magasins avaient obtenu l'autorisation d'être présents. Un ou deux instructeurs et officiers de « bas grade » étaient également là, et moi aussi j'avais été invité. L'aumônier a donné un bref aperçu de la vie en prison de Neilson, se terminant par quelques mots d'exhortation à l'intention des condamnés. Le directeur fit un discours simple et aimable. Une prière fut offerte, après quoi les hommes, la tête découverte, se dirigèrent respectueusement vers le cercueil pour un dernier regard sur le visage blanc et tranquille de leur camarade, puis, l'air sobre et accompagnés de leurs officiers, quittèrent l'hôpital. Pendant que le directeur et l'aumônier prenaient les dernières dispositions avec l'officier de l'hôpital, je m'attardais près du cercueil pour déposer un bouquet de violettes fraîches dans la main apathique de Neilson ; puis, lui faisant un adieu muet, suivit, d'un pas lent et le cœur attristé, le directeur et l'aumônier ; et nous passâmes ensemble dans la grande salle des gardes.

Alors que j'attendais, les yeux remplis de larmes, que le clé en main me laisse sortir de la prison, le directeur est venu à mes côtés. "Eh bien, Neilson est parti", dit-il gravement. "C'était un ancien résident et il nous manquera à la prison; et, en passant, laissez-moi vous dire que vous êtes une héritière! Neilson a fait son testament et l'a confié à mes soins. Toutes ses petites économies, trente dollars , il vous a légué. Pauvre garçon, continua-t-il, sans doute en son temps il a fait sa part de mal, mais quoi qu'il ait été, Neilson connaissait ses *amis* .

Le premier héritage, aussi petit soit-il, est un événement et souvent une surprise. Jamais auparavant mon humble nom n'avait été inscrit dans un testament. Je ne tardai cependant pas à me prononcer sur la suite à donner à la pathétique demande de Neilson. Il devrait être consacré à l'érection d'une simple pierre pour marquer sa dernière demeure.

Comme tous les morts non réclamés de la prison, il fut transporté à Tewksbury pour être enterré dans le cimetière des pauvres.

À ma demande, le directeur a aimablement écrit aux autorités locales, leur demandant de désigner le lieu de sépulture de Neilson, afin que je puisse être en mesure d'exécuter ma résolution. Aucune réponse n'ayant été accordée, dans mon découragement, je me suis adressé au « Board of State Charities » pour obtenir des informations concernant la dépouille disparue de Neilson. Certaines enquêtes à ce sujet ont été, je crois, faites par cette institution, mais elles ont été menées si indifféremment qu'elles n'ont rien donné, et j'ai finalement été contraint de supposer tristement que Neilson s'était vu refuser cette dernière aubaine bon marché que même les plus pauvres peuvent avoir. revendication de terre - une tombe; et son héritage fut donc consacré à l'achat de fruits pour les patients condamnés à l'hôpital ; et peut-être cette disposition de ses petites économies n'aurait-elle pas paru inconvenante au pauvre garçon lui-même, s'il avait pu le consulter à cette occasion.

Tout cela s'est passé il y a vingt ans ; et aucune lumière n'ayant encore été jetée sur la mystérieuse disparition de la partie mortelle de Neilson, il est raisonnable d'en déduire qu'elle a été démembrée depuis longtemps dans l'intérêt de la science ; ou que, encore partiellement intact, il pend maintenant, décharné et déshonoré, dans le « placard à squelettes » d'un médecin.

De ces horribles conclusions, on se réfugie volontiers dans l'espoir inspirant que Neilson *lui-même* est toujours en vie ; et que, dans une phase de son existence dépassant les limites de notre maigre psychologie, son évolution morale se poursuit désormais sans interruption.

- 39 -

"Pourtant, nous croyons que le bien
sera, d'une manière ou d'une autre, le but final du mal,
des douleurs de la nature, des péchés de la volonté,
des défauts du doute et des souillures de sang."

Une promenade en traîneau désastreuse.

La nuit dans la prison. Dans ces quartiers sombres où le jour n'est jamais vraiment admis, la nuit tombe sinistrement, comme si l'ensemble de la procédure n'était, au mieux, qu'une pauvre ironie. Les condamnés sont en sécurité dans leurs chambres d'habitation peu recommandables. Dans les couloirs froids, la lumière lutte faiblement avec l'obscurité ambiante ; et les cellules sont à moitié dans l'ombre ; pourtant, ici et là, une silhouette inquiète peut être discernée, arpentant ses bonds ennuyeux avec des virages courts et brusques, ou se tenant d'un air maussade devant sa porte grillagée ; un paria inconnu ; une unité dans un agrégat d'humanité détruite par le péché ; pourtant (comme Dieu le sait) doté d'un cœur semblable au nôtre, un cœur qui peut souffrir, se repentir, endurer et se briser !

Dans la salle des gardes déserte, le silence règne. Le clé en main de nuit est assis à sa place. Sa tête baissée s'incline progressivement vers sa poitrine ample, et bientôt, perdant son équilibre, se redresse d'un coup sec. Se frottant les yeux, il fait une tentative somnolente d'examen officiel et s'enfonce mollement dans un sommeil serein. Pendant ce temps, là-bas, dans « l'aile Nord », un chuchotement sournois continue tranquillement.

Pat Doniver, le gardien de prison, dont l'heure du renvoi n'a pas encore sonné, interroge, de manière informelle, ses codétenus. À toutes fins pratiques, Pat repose innocemment sur un tabouret en pin, soumis à l'ordre officiel, et sur le point de s'endormir. La vérité oblige cependant à déclarer sévèrement qu'il y a souvent une différence lamentable entre les actes de M. Doniver et son apparence ; mais, pour comprendre la « véritable intériorité » de Pat, il faut entendre l'histoire de cette magnifique promenade en traîneau qui, tout à fait contrairement à son intention, l'a finalement conduit à la prison d'État.

Pat Doniver est un Irlandais, bien que — comme il vous le dira — « il ne soit pas né dans son propre pays natal, mais il y échappe de peu », ayant été prématurément poussé sur la scène de la vie dans l'entrepont bondé d'un paquebot de l'Atlantique à destination de Boston, et pas encore complètement hors de vue des falaises crayeuses d'Albion.

En forme, Pat est souple et soigné; en face, un Apollon très hibernien – si l'on peut concevoir un Apollon au nez décidément penché. Le développement du visage de Pat est tout de même bon. Sa bouche est finement découpée, avec d'étranges petits sourires capitonnant à jamais ses beaux coins. Ses yeux sont noirs comme du charbon, ses cheveux idem ; et quelles boucles ! Ils sont la faiblesse particulière de Pat : les chéris de son cœur ! Et il est connu parmi les gardiens de prison que Pat, ayant reçu l'ordre de soumettre ces ailes de corbeau tant convoitées à la tonte initiatique de la prison, avait catégoriquement refusé de se soumettre aux « pouvoirs en place » ; et avait effectivement enduré les horreurs d'un « solitaire » de trois jours pour défendre le droit inaliénable d'un citoyen irlandais-américain à la possession paisible de ses propres cheveux !

Au repos, le visage de Pat a cet air de malice sage qui se cache dans le visage d'un chaton espiègle, somnolant, un œil ouvert, au soleil. C'est l'histoire de Pat ; et en regardant la vie en prison, vous ne la trouverez pas rare.

Né en ville, sa jeunesse semble avoir alterné de manière inégale entre les tâches ménagères et l'école, et avoir montré de longs et fréquents intervalles de vagabondage total. À douze ans, il a perdu sa mère (son père est un être totalement étranger à sa connaissance) et, s'efforçant d'atteindre l'âge adulte, du mieux qu'il a pu, il a finalement accédé à la dignité de conducteur de hacker. Par la suite, Pat est devenu un buveur expert. Les deux poursuites (comme on a souvent dû le constater) ne s'opposent nullement. Ainsi finit-il par arriver que, chez Pat, être ivre était la règle générale ; être sobre, la rare exception. C'est après la grande chute de neige de 18— que notre héros résolut de « s'offrir » une promenade en traîneau. Les promenades en traîneau, dans *sa* lignée, étaient, bien sûr, des événements quotidiens, mais cela, comme il l'expliquait, dans son riche accent, devait être « un bon moment social, tout simplement être moi-même ».

À cette fin (confiant temporairement son hack à un sympathique camarade Jéhu), M. Doniver loua un beau cheval et un cutter, et, avec le même, « pour se coiffer warrum », une grande robe de buffle. Ainsi amplement équipé et ayant les poches bien remplies de petites pièces de monnaie, Pat partit joyeusement. La journée était extrêmement froide, les boissons délicieusement chaudes et, d'une manière ou d'une autre, il prit en chemin plus de rafraîchissements qu'il n'en avait espéré au départ. En fait, s'il faut dire la vérité, au début de cette joyeuse excursion, Pat avait atteint cet état mental complexe dans lequel compter est une affaire *des* plus difficiles et, à mesure que la journée avançait, — sauf une conscience confuse de plus des boissons dans divers bars que de l'argent liquide dans une certaine poche, Pat a complètement perdu le compte. Face à ce dilemme embarrassant, notre excursionniste assoiffé a naturellement pensé à se débarrasser immédiatement de certains effets personnels commercialisables. Ayant bu en diverses haltes sa grosse montre en argent, un énorme crayon du même métal vendable, son nouveau bandana de soie rouge, son portefeuille et son peigne de poche, une élégante cravate neuve, achetée exprès pour cette superbe occasion, et, enfin, Malgré tout, son pardessus terne aux nombreuses capes, il devenait maintenant évident à son esprit que, dans la chaleur croissante de la température, conséquence de potions infinies, une robe de buffle n'était que le plus simple des superflus. Parvenu à cette conclusion stoïque, Pat ne garde désormais qu'un souvenir confus de cette désastreuse excursion. "Un gintlemun obleegin'", comme il se souvient, a eu la bonté d'échanger du whisky contre des buffles sauvages, que lui, Pat, proposait de chasser et de conduire jusqu'ici en troupeaux innombrables. Pat s'est réveillé le lendemain matin et s'est retrouvé en cellule, accusé d'ivresse et de vol d'une robe de buffle.

Le cotre intelligent, avec son occupant inconscient, avait été obligeamment livré par le cheval pédé mais sagace à son propriétaire, qui, sans sa robe de buffle, avait, à son tour, livré Pat à la police.

Sur ce chef d'accusation, déposé en prison, Patrick a passé le triste intervalle entre l'engagement et le procès dans la lutte contre les diables bleus, dont les apparitions, à ce stade avancé d'excès alcoolique, n'étaient pas, comme on peut l'imaginer, rares ou espacées.

Pat avait cependant une véritable constitution irlandaise et ne manquait pas de combativité irlandaise. Et, seul et seul, il luttait vigoureusement contre les féroces démons du Delirium tremens, et s'il ne les *avait pas* vaincus, seul et seul, il aurait probablement péri. Cependant, le destin réservant des choses meilleures (et aussi *pires*) à M. Doniver, il finit par les pires et, lorsque le jour de son procès arriva, il était - pour une fois dans son existence d'adulte - d'une sobriété austère. .

Et maintenant, cela n'aurait pas été dur pour cet individu, puisque ce petit larcin aurait pu être expié par une courte peine à la Maison de Correction, si un de ces oiseaux espiègles qui racontent des histoires n'avait murmuré devant le tribunal que Pat Doniver était un ivrogne notoire. .

« L'ivresse », fit remarquer sévèrement le juge à l'avocat à sa gauche, dont l'haleine exhalait une odeur indubitable de cognac, « l'ivresse, monsieur, devient endémique dans notre communauté, et je trouverai de mon devoir de présenter le cas dont je suis saisi. un exemple impressionnant ; » et là-dessus, le jury ayant déjà rendu un verdict de culpabilité, le juge, s'agitant sur son siège (son heure de dîner étant passée depuis longtemps et son humeur quelque peu colérique), regarda Pat droit dans les yeux, pensant à l'augmentation alarmante de l'ivresse dans notre au milieu et lui a infligé cinq ans de prison.

Ayant ainsi terminé judiciairement Pat Doniver, avec un soupir de soulagement, le juge classa l'affaire et alla dîner.

Dans la prison, comme ailleurs, le bon enfant Pat gagna la faveur générale et, au cours de la deuxième année de son incarcération, le directeur Flint lui donna la position facile et relativement agréable de coureur.

Jusqu'à présent, le cours lent de la vie carcérale de M. Doniver avait suivi son cours ennuyeux et régulier. Désormais, le Destin avait gracieusement élargi le champ de ses activités. Sans le moindre soupçon de méchanceté dans sa composition, Pat était un voyou inné, et c'était son principal plaisir de déjouer les officiers de la prison aux yeux perçants ; planifier et exécuter sous leur nez une infinité de méfaits inoffensifs. Souvent, dans la bonté de son chaleureux cœur irlandais, il faisait du mal « afin que le bien puisse arriver » ; le plus souvent, il le faisait pour son propre plaisir.

L'une des tâches résultant de la vocation de Pat était de transmettre des repas à certains esprits indisciplinés de la prison, qui, choisissant, comme le diable de Milton, plutôt « de régner dans les ténèbres que de servir dans la lumière », consommaient dans la solitude pénale leur maigre allocation de pain. et de l'eau; De nombreux morceaux de porc savoureux, sauvés de sa maigre portion et confortablement pris en sandwich entre de grosses tranches de pain, consolaient ces misérables affamés. Souvent une certaine boîte en fer blanc étanche, — transportée dans ce but pécheur à notre fournisseur rusé, par ce express souterrain dont seuls les initiés peuvent pénétrer les mystères, — souvent cette boîte, soigneusement nichée dans les profondeurs innocentes d'un seau d'eau , videz son savoureux contenu dans les gueules creuses des pécheurs réfractaires ! La position de Pat dans la prison lui offrait également d'innombrables occasions d'avoir ces relations clandestines qui, à cette époque, constituaient tout l'échange social du lieu ; et, en sa qualité de journaliste et d'intermédiaire, il était devenu un personnage très populaire et très important dans cette communauté restreinte. Qui d'autre que lui pourrait adroitement saisir ce moment propice pour murmurer à la voix de quelque pie avide de la grande cage ce petit potin osé du dehors, adroitement glané dans le bavardage irréfléchi d'officiers bavards ?

Lorsque le « nate young gintlemun » du n° —, dont l'arrière-grand-père décédé lui avait malheureusement légué certaines idées erratiques concernant les anciens pronoms « *Meum et tuum* », qui, ne se développant jamais tout à fait dans un crime *authentique* , n'avaient en aucune façon prouvé désastreux pour le géniteur susmentionné, dont les os se sont effondrés dans le caveau familial aussi honorablement que ceux de cet insaisissable « honnête homme », pour lequel le cynique grec, lanterne à la main, est connu pour avoir vainement parcouru ce monde vilain ; nate young gintlemun, "- avec l'horrible héritage que la nature, amplifiant d'ailleurs, avait transmis de manière désastreuse à la troisième génération, - était assis seul dans sa cellule de prison, se morfondant et se repentant, qui, à l'exception de Pat Doniver, s'est reposé un peu sur ce tabouret en pin "fornins" la grille, viderait, *sotto voce*

, à l'oreille du prisonnier, un tel budget de divertissement, de nouvelles et d'anecdotes (cette dernière un peu fade, mais toujours osée) qu'il enverrait ce jeune faussaire abattu à son un lit de camp morne avec un cœur réjoui et réconforté ?

Le passeur de prison donne-t-il un café ce soir, ou, comme sa belle vieille compatriote, inaugure-t-il « un sarie de tays ? Un, deux, trois, quatre tasses en fer blanc ! ils furent tous livrés vides à travers la grille ; et, par un habile tour de passe-passe de Pat, ils repartent tous complets ! Mais whist ! voilà le clé en main ! Pat et son tabouret s'immobilisent instantanément et, en un clin d'œil, il s'endort profondément. L'officier, non sans de nombreuses secousses vigoureuses, le réveille et l'envoie en bâillant et en trébuchant dans sa cellule. Là, s'administrant une légère dose de son mystérieux breuvage, il fait une grimace d'un dégoût extrême, puis, se tenant fermement les côtés, se roule un moment sur le sol de son dortoir, convulsé par un rire étouffé.

Et maintenant, pour expliquer l'événement de la soirée, il faut faire intervenir non moins un personnage que Jehaziel Green, Esq., ancien maître de poste de Pinkertown, diacre de la Première Église, propriétaire de l'épicerie du coin de Pinkertown et surveillant de ses pauvres.

M. Green a récemment connu des temps difficiles. À la suite de diverses ouvertures de lettres pléthoriques lors de leur passage par le bureau de poste de Pinkertown, il est devenu un résident régulier de la prison d'État.

Comme, selon les physiologistes, l'homme n'est atomiquement modifié qu'une fois tous les sept ans, Jehaziel Green – qui n'a existé qu'un an et trois mois derrière les barreaux – est toujours, à toutes fins utiles, chimiquement le même Jehaziel Green ; et pas du tout plus ou moins mesquin, égoïste et sans scrupules que lorsqu'il vendait à Pinkertown du sucre poncé, de la mélasse arrosée et du lait lavé ; quand il snobait et affamait les pauvres de la paroisse, soulageait la boîte de contributions surchargée de la sacristie de l'église et ouvrait les grosses lettres du bureau de poste.

Son apparence extérieure est, en effet, quelque peu modifiée, puisque, à Pinkertown, son costume de tous les jours était en fin tweed écossais et sa tenue du dimanche en drap noir ; tandis qu'ici, sa gamme laïque et sabbatique n'est pas seulement une seule et même chose, mais (étrange fantaisie !) elle est bicolore, rouge, jaune et bleue ! En dehors d'une prison, les vêtements d'un homme affectent plus ou *moins* son droit à une considération favorable. Derrière les barreaux, une norme moins superficielle s'applique. L'art élégant du vêtement a été réduit à une simplicité démocratique.

Car que dit « le Conseil » ? "Les vêtements du condamné doivent être calculés de manière à *le garder au chaud* ."

Ils ne sont pas, il faut le remarquer, destinés à satisfaire son goût bizarre ou à choyer son orgueil personnel. Leur seul but est de « le garder au chaud ». Après avoir ainsi défini les toilettes de la prison, les dignes commissaires ajoutent — comme une réflexion éthique après coup — « qu'elles devraient être aménagées de manière à être considérées comme un moyen de punition ». Cette conception en apparence originale des usages pénaux des vêtements n'est cependant pas spécifiquement « celle du Conseil », puisque, en dehors des cercles carcéraux, les vêtements pour hommes sont souvent « arrangés » par la mode de manière à « être considérés comme un moyen de punition ». Quoi qu'il en soit, Jehaziel Green, toujours fidèle à lui-même, n'est pas moins Jehaziel, en rouge, jaune et bleu, qu'en gris ou en noir.

En prison, l'argent est forcément rare ; pourtant, sous la rose, il y a toujours beaucoup d'échanges. M. Green, cachant ses réalisations dans le département d'ébénisterie de la prison, soulage la routine ennuyeuse de l'existence en accordant une vive attention à ce mode de circulation particulier.

Volant des morceaux de peluche, de damas, de bois de rose et de noyer noir, et chapardant du vernis et de la colle, il troque ces marchandises, très désirées contre des boîtes marquetées, des cadres, etc., par d'ingénieux codétenus, contre des fruits, du tabac et du tabac. d'autres luxes convoités. Au fil du temps, l'idée unique d'établir une « entreprise d'alcool » derrière les barreaux fait son apparition dans l'esprit alerte de l'ancien maître de poste. Pour poursuivre ce projet audacieux, il soustrait de temps en temps de petites quantités d'alcool utilisé dans son magasin à des fins de cabinet, jusqu'à ce que, par des efforts inlassables, il ait dérobé de ce liquide enflammé une quantité suffisante pour s'établir dans le commerce. . Dans ces circonstances, M. Green est obligé d'effectuer des transactions par procuration ; et Patrick Doniver, ayant été nommé son agent unique, est, ce soir, « en voyage pour la Maison ».

Ne laissez pas croire que notre coureur non mercenaire est un agent salarié de la Maison Verte. Loin de là! Ce service risqué n'est pas entrepris pour un gain crasseux ; ce n'est qu'un office gratuit et bienveillant de la part de M. Doniver, suffisamment malicieux pour être entrepris pour son propre plaisir - et dont le goût est grandement rehaussé par la réflexion bon enfant selon laquelle "un peu de crathur mettra un warrum linin". ' en eux, pauvres truies ! Et une doublure terriblement chaude, disons-nous, serait donnée par un "crathur" si chaud ! Mais Pat nous a anticipés ; Car bien conscient qu'il ne s'occupe pas des Salamandres, il ne rêve pas une seule fois de soumettre les clients de M. Green à « l'épreuve du feu ». Diluant soigneusement son alcool avec de l'eau innocente, il l'aromatise avec de l'essence de menthe poivrée, récupérée d'un médicament pour un mal d'estomac révolu, le sucre avec de la mélasse, et, ajoutant une gorgée de vinaigre de sa bouteille privée, il produit un mélange qui, s'il n'est pas délicieux, est sans aucun doute unique.

Ayant déjà vidé plusieurs litres de cette boisson légèrement enivrante, Pat, remis de ses symptômes apoplectiques tardifs, s'administre prudemment, comme sédatif, le reste de ce rare « robinet », et après avoir, avec de nombreuses grimaces ironiques, vidé sa boîte de conserve. tasse jusqu'à la lie amère, se prépare à se reposer. Le lendemain matin, plusieurs nouveaux patients sont autorisés à se présenter à l'hôpital ; et l'on craint qu'une épidémie inconnue ne sévit dans la prison. Une demi-douzaine de condamnés ont été inexplicablement attaqués par de graves vomissements, suivis d'une lassitude extrême et d'un dégoût intense pour la nourriture. Pat Doniver est du nombre et on dit qu'il est très malade. Ces cas déroutants sont vigoureusement traités par le médecin mystifié et, cédant rapidement à ses prescriptions aléatoires, les patients sont en convalescence et l'alarme s'apaise. Il en va de même pour le commerce de l'alcool en prison.

Le reste de cet envoi enflammé, hébergé avec beaucoup de crainte et de tremblement dans les recoins les plus intimes de la paillasse de M. Doniver, est, dans les plus brefs délais, remis à « la Firme » ; Pat — transposant pour l'occasion une vieille scie sage — fait judicieusement observer à son employeur, que « c'est un pauvre *bouillon* d'indade, que son propre *cuisinier* ne peut pas boire !

Jehaziel Green, insensible aux « douces utilisations de l'adversité », a été pillé et échangé jusqu'à la fin de son chapitre en prison. Puis, émigré vers l'Extrême-Ouest, il est devenu un grossiste prospère et se serait *présenté* au Congrès. ("Pourquoi", s'interroge l'observateur rural, "les *petits* coquins vont-ils en prison et les *grands* au Congrès ?")

Après avoir purgé ses cinq années de prison, Pat Doniver a eu la chance d'être à nouveau « repris » en tant que hack man ; et, à la suite de sa folle promenade en traîneau, il vécut, pour toujours, un homme plus sage et plus sobre.

ÉPUISÉ.

IRAM FISHER était « condamné à perpétuité » et avait déjà purgé vingt ans de cette peine désespérée lorsque j'ai fait sa connaissance. De ses ancêtres, une longue lignée de pêcheurs de Cape Cod, Hiram a hérité d'un stock inépuisable de bon caractère, d'une charpente bien tricotée, des muscles d'un bœuf et d'un tel embarras de vitalité que même vingt ans de mauvais air, de maigre Le régime alimentaire et la monotonie ennuyeuse n'avaient pas sensiblement relâché son emprise sur l'existence. Durant les dix dernières années de son mandat, il avait été « coureur » dans la prison, bras droit du directeur, apprécié des fonctionnaires inférieurs, favori universel des détenus et chanteur principal de la chorale de la chapelle ; et pendant tout ce temps, il n'avait jamais enfreint une seule règle de la prison ! Un forçat n'en *pouvait* plus ; un ange *aurait* pu accomplir moins !

Par quel processus occulte un meurtrier était-il né à partir d'un matériau apparemment impraticable – d'un homme dont on pouvait raisonnablement présumer qu'il ne détruirait pas, par malveillance, une mouche – que les sages nous le disent ; l'énigme dépasse de loin ma mauvaise lecture. C'est pourtant pour meurtre, et au premier degré, qu'Hiram Fisher avait été condamné. Les détails de son crime étaient accessibles à la demande de tout responsable bavard de la prison, mais j'étais trop peu curieux des détails pour les demander.

Si les « accidents » – comme le dit le proverbe – « arrivent dans la *meilleure* des familles », la pire n'espère peut-être pas s'en sortir ; et, un jour, par un faux pas malheureux dans l'escalier de fer de la prison, Hiram fit une chute qui, si le destin avait consenti, aurait pu lui briser le cou. Il a été récupéré dans le couloir, inconscient et gravement meurtri, et emmené pour réparation à l'hôpital de la prison ; et c'est là que nous sommes devenus rapidement amis. C'est pour soulager l'ennui d'une longue période d'inclinaison, avec une jambe inflexible dans le plâtre, que j'ai entrepris, pour le seul bénéfice d'Hiram, la lecture d'un chant de Noël de Dickens, qui avait trouvé une grande faveur auprès des convalescents rassemblés autour du poêle. pour la lecture hebdomadaire de l'hôpital.

Avant d'avoir parcouru la première demi-douzaine de pages, il est devenu évident que Hiram, bien que, comme la plupart des habitants de la Nouvelle-Angleterre de sa classe, assez familiers avec les trois R, n'avait aucune utilité pour la littérature d'aucune sorte. J'allai sans enthousiasme jusqu'au bout, et fermant le livre, à son soulagement apparent, je résolus, après mon rapport sexuel avec le patient, de me limiter strictement à la conversation. Après cela, nous avons changé de place. Hiram a parlé et je suis devenu un auditeur très diverti. Avec cette félicité facile et facile, inhérente au marin né, le patient m'a raconté une suite si interminable d'incidents, d'anecdotes et d'aventures extérieures émouvantes, avec des croquis si rares et si racés de la vie en prison, que mes lundis (Lundi, c'était pour moi le jour de l'hôpital) devint, tout au long de sa convalescence, comme une série ininterrompue de « mille et une nuits ».

Parmi les récits d'Hiram à l'hôpital, il convient de noter le petit croquis qui suit et que j'ai tenté de reproduire (aussi fidèlement que possible de mémoire) dans son propre dialecte pittoresque et simple.

L'HOMME TUCKERED.

"Eh bien, après avoir été au 'palais' [1] environ dix ans, j'ai eu une sorte de pic de leet, et le médecin m'a examiné et m'a envoyé à l'hôpital pour un moment. Je n'étais pas assez malade pour rester au lit, alors, pendant la journée, je dormais dans la grande pièce, autour du poêle, avec une demi-douzaine de potes qui étaient à peu près dans le même état.

[1] Peine de prison des condamnés.

"C'était un temps d'hiver, et un froid embêtant aussi, je vous *le dis* ! Nous n'étions personne parmi nous, mais nous sommes partis pour parler, ce qui, bien sûr, était assez bien, même si je dois dire que ça fait vraiment mal. Difficile de rester à côté des gens toute la journée sans ouvrir la tête. Mais de toute façon, nous n'avions pas les yeux bandés et nous n'avions pas non plus les oreilles bouchées.

" Ainsi, pendant que je restais là des jours, ennuyeux comme une pute, et tout le monde comme l'homme des Écritures, qui avait un diable stupide, j'avais l'habitude de comprendre ce qui se passait dans la plupart des parties du bâtiment. " Eh bien, à cette époque-là, nous avions un nouvel aumônier au " palais ", et il était aussi un bon chrétien moyen, devrais-je dire, et il était tout neuf, il a naturellement balayé ; " Plus propre que l'ancien. Maintenant, le *vieil* aumônier, il était un maître dans la prière, etc.

"Eh bien, l'entendre prier pour que cette introduction ferait fondre un cœur étourdi ! et ses sermons, je dirai, ont été diffusés de manière époustouflante ! Après cela, il a semblé sur le point d'exploser, et, les jours de la semaine , nous devions surtout veiller à notre propre âme. Eh bien, le nouvel aumônier, voyez-vous, *il* était différent, il savait tenir le coup tout de suite, alors il avait l'habitude de rendre visite aux hommes dans leurs cellules, et plus gentil. essayez de les garder orientés vers le royaume, toute la semaine.

"Il était aussi très bon envers les malades, et il n'y avait pas un homme dans cet hôpital si mauvais qu'il ne lui rendrait pas un bon service; et en plus d'écrire des lettres aux hommes (ce qui est on n'en attend pas plus), il avait l'habitude de les mettre en fourrure dehors, comme chercher leurs enfants, ou traquer leurs parents, quand ils perdaient la course sur eux. le directeur, un jour, disait à un des inspecteurs : « Notre aumônier a trop bon cœur, il va s'épuiser. Je pense que je me dis : « Non, il ne le fera pas, vous *pariez* ! La fourrure, après un sort, il deviendra insensible comme tous les autres. Une prison, voyez-vous, est un lieu magistral qui rend les gens insensibles. Mais j'ai de l'avance sur mon histoire.

"Eh bien, un jour, j'étais assis là près du poêle, plissant les yeux et les deux oreilles ouvertes, et j'ai vu le nouvel aumônier entrer. Il nous a serré la main, les gars, dans la grande salle, puis il a fait le tour. Je suis allé dans toutes les cellules et j'ai parlé avec les patients. Je le vois examiner le lit n° - ; le lit était fait en parfait état, et il n'y avait aucun signe de personne à l'intérieur, alors il est parti et s'est assis. de l'autre côté de la pièce, je parle au super de l'hôpital.

"Je ferais mieux de garder un œil sur cette cellule, car je savais qu'il y avait eu un type qui avait été élevé ce matin-là, et si je ne m'étais pas vraiment trompé, il avait été mis au n°.... Eh bien, à propos, je sème du suthin' dans le coin le plus éloigné du numéro .—, et bientôt ça fait caca.

" Seigneur, pour l'amour ! comme j'aurais crié, si j'avais osé, quand cette créature se tenait sur ses deux pieds, et se dirigeait vers la lumière sur la pointe des pieds, le rejeton même d'un de ces petits bogles que ma grand-mère utilisait. à raconter ! Je devrais dire qu'il ne mesurait pas plus d'un mètre quatre-vingt-dix, dans ses chaussures, et qu'il était beaucoup courbé, il n'avait pas l'air aussi grand qu'il l'était ; Je n'ai jamais *vu* dans la tête d'un homme ! Noir comme du charbon, et brillant comme des perles ; et un regard si désireux, jusqu'au fond, comme s'il avait été un archin de fourrure quelque chose qu'il voulait. J'ai déjà senti le déluge, et je ne l'avais pas encore trouvé, et je n'avais pas l'intention de le trouver dans ce monde ni dans l'autre !

"Eh bien, il a regardé autour de lui pendant un moment, plus gentil, et puis il s'est faufilé dans le couloir et est descendu, et après avoir triché une minute, il s'est approché directement de l'aumônier et l'a mis au courant. l'épaule. L'aumônier s'est retourné et a dit plus doucement au surveillant : « Qu'est-ce qu'il a, ce pauvre gars ? dit-il. Avant qu'il puisse répondre, le petit bogle s'avance et lui dit : « Docteur, ne *me donnez pas* vos médicaments, gardez-les pour *les autres* , les trucs de docteur ne *me serviront* pas. bien. *Je suis épuisé* !

"Le surveillant a technicien son avant-garde, et a jeté un coup d'œil de côté à l'aumônier, et lui a dit : 'Ah, oui, je vois !' Et puis, voulant apaiser la pauvre créature, il se tourne vers lui aussi aimablement que possible, et lui dit : « Vous me trompez, mon ami, je ne suis pas le médecin, mais quand même je suis venu. ici pour vous aider, et « que puis-je faire pour vous aujourd'hui ? Le petit gars l'a regardé un instant, plus troublé, puis il a poussé un soupir et a secoué la tête, et il a dit : "La physique *ne sert à rien* , je suis *crevé* !" « Mais peut-être que maintenant, dit l'aumônier, je pourrai peut-être faire quelque chose pour vous dehors. N'y a-t-il pas quelqu'un là-bas dont vous aimeriez recevoir la visite maintenant ? dit-il.

« Dehors ? - *dehors ?* » dit le petit homme en mettant sa main maigre sur son avant-pied, comme s'il voulait se souvenir de quelque chose, mais ne pouvait pas lui donner la vie. « Dehors - *dehors* – côté ? Tu dis, est-ce qu'il est là, *maintenant* ? Je n'y aurais pas pensé, cependant ; je n'ai rien entendu dessus, je n'ai rien entendu sur lui, je n'ai pas compté ses doigts maigres, et je n'ai pas encore frotté son avant-pied. — 'four quinze ans !

'" *Dehors, hein ?* Et Deely est là maintenant ? Elle était une fille de hansum quand je l'ai fêtée. J'ai fait le monde avec Deely ! Voyons voir ; elle allait en Californie, Deely l'était. Je me demande si elle y est déjà arrivée. ? Je n'ai pas entendu un mot de sa fourrure depuis quinze ans. Mais Benjy est mon premier cousin, docteur. Il a dit qu'il viendrait me voir, mais il n'est pas encore venu. Je suppose, et je n'ai pas le temps. Après avoir fouillé un sort dans sa poche de poitrine, il en sortit un morceau de papier sale avec des écrits dessus, et le remit à l'aumônier, lui dit : " *C'est* là que vit Benjy, docteur. Il a dit qu'il viendrait me voir et me ferait part d' *elle* ; et j'ai attendu quinze ans, docteur, et pendant tout ce temps, je n'ai pas entendu un mot de Mebbe ! " dit-il, regardant le visage de l'aumônier plus pieux, " Peut-être qu'un jour tu irais voir Benjy me *fourrurer* et lui demanderais s'il a déjà entendu Deely alors qu'elle a commencé pour la Californie Quinze ans, c'est une longue période d'attente. " dit-il en poussant un autre soupir, " et " je suis complètement épuisé . " J'ai vu une larme couler sur la cravate blanche de l'aumônier, et je me suis dit : "Il pense à sa *propre* femme" (une jolie petite dame plus gaie qu'elle était aussi, - je la vois un jour à la chapelle).), et je dis, il *ira* !

"Eh bien, le gardien, il a dit au petit créature déprimé de retourner dans sa cellule. Alors il est revenu en rampant, aussi immobile qu'une souris. Il ne s'est pas allongé, mais je l'ai observé. Il s'est faufilé dans un coin. , et s'est accroupi sur le sol comme s'il essayait de s'attacher avec un nœud dur, et il est resté là, aussi immobile qu'une image étourdie. Après cela, j'ai entendu le super dire à l'aumônier que le. L'homme était à tour de rôle fou de la tête, et il revenait pour se faire soigner.

"'Son nom, dit-il, est David Sweeney. C'est un Américain, et il a volé pendant vingt ans sur les routes des fourrures. Aucun mortel ne sait comment il en est arrivé à faire cela, dit-il, car il avait un bon métier, et il y avait beaucoup de travail, et les allers avaient un bon caractère, et, seulement trois mois auparavant, il avait épousé la fille qu'il voulait, Delia White, aussi jolie qu'une rose et intelligente comme une fille. Certains pensaient *qu'elle* pourrait s'en prendre au fond, car c'était une fille géniale, très friande de bibelots, et il lui aurait coupé la main droite. pour lui plaire. Je dois dire qu'elle a fait une mauvaise affaire, de toute façon, car il ne l'a jamais vue depuis qu'il est venu à la prison. Je me souviens que les gens plaignaient beaucoup ce pauvre gars à l'époque, car il était jeune et ". c'était sa première infraction ; mais le vol de grand chemin est une mauvaise affaire, dit-il, et si un homme *veut* le suivre, pourquoi alors le laisser en assumer les conséquences, dis-*je* . L'après-midi suivant, l'aumônier est revenu à l'hôpital, il est entré et a discuté un peu avec le petit homme déprimé. Je n'ai pas pu entendre ce qu'il a dit, mais plus tard, je l'ai entendu dire au surveillant comment il se comportait. J'étais allé à la recherche du « premier cousin » qui, autant qu'il pouvait, tenait une épicerie sur Cambridge Street il y a quinze ans, mais il avait déménagé au Vermont, sac et bagage, il y a des années, et Personne dans les environs n'avait entendu un zézaiement de sa part. Eh bien, le lendemain, le mari de Deely est devenu fou comme un faucon et a dû être enfermé dans sa cellule, et avant qu'il ne soit apte à repartir en liberté, je l'avais récupéré. peart, et je suis descendu. Et je l'étais aussi, je vous le dis, car le directeur m'a donné une place de coureur, et ce n'est pas à dédaigner. Eh bien, je devrais dire que c'était le cas. Pas plus de six mois plus tard, alors que j'étais longtemps en soirée, j'ai été envoyé au troisième étage de l'aile nord pour conserver quelques pommes qu'un des instructeurs avait apportées pour un prisonnier appartenant à à son magasin. Quand je suis arrivé à la bonne porte, j'allais les passer à travers le gratin, mais, ne voyant personne, j'ai toussé pour faire savoir au gars que j'étais là ; et puis, entendant un bruissement sur le lit, j'ai jeté un coup d'œil à l'intérieur, et là, aussi sûr que des œufs, se trouvait le petit homme « énervé », attaché dans le même vieux nœud dur, et avec le même vieux , regard solitaire et désireux sur son petit visage ratatiné ! Quand il m'a entendu, il s'est levé et est venu vers moi, et quand je lui ai donné les pommes, il s'est plutôt redressé un instant, mais avant que je puisse me retourner, il s'est à nouveau couché sur le lit, aussi lugubre que jamais, et, comme Je m'éloigne, je l'entends gémir pour lui-même : « O Seigneur ! Ô Seigneur! épuisé! épuisé!'

"Eh bien, après cela, je l'ai vu très bien, de temps en temps, et, d'une manière ou d'une autre, il avait l'air de m'apprécier, et nous devons être de bons amis. Ce n'était pas un il avait du grain hors de la tête maintenant, mais il était d'un état rare et lugubre, et il jouissait d'une santé assez mauvaise, devrais-je dire d'après son apparence, même s'il ne s'est plaint à personne. Une nuit, bien avant Noël, j'ai été envoyé dans son aile. sur un mandat ou un autre, et, alors que je passais plus lentement devant sa porte, je le vois me faire signe que je n'étais pas disposé à enfreindre les règles, mais, je pense, je ne les enfreindrais pas. personne ne s'est arrêté une minute pour dire un mot à cette pauvre créature. Alors j'ai eu l'air vif, et voyant que personne ne me brillait, je me suis approché du gratin et je lui ai serré la main. dis-je, "J'espère que je vous vois bien, Sweeney." Dis-lui : « Non, pas *très* bien, Hiram, et voici ma belle bague, dit-il, et je veux que tu la gardes pour moi, je n'en aurai plus l'utilité pendant un certain temps. ' Alors il a mis la bague au petit doigt de ma main gauche, et c'était aussi une forte pression. C'était du vrai Guinny Goold, avec deux cœurs, et un "D" gravé à l'intérieur. Ce n'est pas un grain qui s'est envolé cette nuit-là, mais un regard si triste lorsqu'il m'a lancé, quand il a mis cette bague à mon doigt, vous ne l' *avez jamais* vu. Et puis il m'a de nouveau serré la main, et il m'a dit : « Comment. Ces nuits sont horribles et longues, Hiram. Mais elles seront plus courtes après Noël, n'est-ce pas ? Au revoir, Hiram, que Dieu vous bénisse !

"Eh bien, pour faire court, le lendemain matin, pendant que les hommes étaient appelés, j'étais en train de remettre les choses à l'ordre dans le bureau du directeur, quand il est arrivé en courant, très agité, et" dit-il au député : « Sweeney est tombé du troisième couloir, et je suppose qu'il est sur le point d'être fini. Il est debout, dit-il, à l'hôpital. Faites venir le médecin et le couronneur aussi, aussi vite. que possible. J'étais terriblement agité, mais j'ai réussi mon travail d'une manière ou d'une autre, et à ce moment-là, je suis entré pour nettoyer le passage, et quand j'ai vu des taches de sang là-bas, j'ai compris ce que *cela* signifiait plus tard, j'ai entendu. le directeur et l'aumônier en discutaient, et, autant que j'ai pu comprendre, le petit homme « affamé » n'a jamais parlé à personne après qu'ils l'ont emmené, bien qu'il ait vécu une demi-heure avec les couronneurs. sur lui, et j'ai prononcé un verdict de « *mort par accident* », mais *j'ai* gardé sa vieille bague à mon doigt, et « je savais tout sur *Deely* . « Et », me dis-je, « certains accidents se sont *produits* . *but* , je pense !'

"Le lendemain, c'était vendredi, et un homme qui avait reçu la visite de sa sœur est arrivé, se sentant pur et en forme, avec un gros bowkay dans le poing. Il a sorti un rose épicé et quelques brins de rose. géranium, et je les ai donnés à moi, et, pensant qu'ils pourraient entrer en jeu, je les ai mis à côté, dans une bouteille d'eau.

« Eh bien, longtemps dans la matinée, j'ai dû transporter un camion à l'hôpital, et j'ai emmené mon petit bouquet. Là se trouvait le cercueil, tout prêt pour Tewksbury, car le directeur était absent ce jour-là, et ils étaient là. Je ne vais pas avoir de service sur le corps, comme ils le font généralement. J'ai demandé au super si je pouvais regarder le cadavre, et je lui ai dit : « Certainement, Hiram », et il s'est avancé vers le cercueil et l'a soulevé. le forrard kiver, et bénis-moi ! si je ne suis pas battu ! Là gisait le petit homme « affamé », aussi souriant qu'un panier de chips !

"Je suppose que j'ai paru plus surpris, car le surveillant me dit, dit-il, 'Est-ce qu'il ne te semble pas natrel, Hiram ?' « Naturel, monsieur ? dis-je, et c'est *content* ! Eh bien, je n'aurais jamais dû le connaître, si je l'avais rencontré ailleurs ! Eh bien, le super-chef a souri et s'est éloigné, et je suis resté là une minute environ, à regarder le cadavre, et à réfléchir, et je me suis dit : « Nous savons peu de choses pleggy » ; de *toute façon* , les Scripteurs, dis-je, *disent* qu'après la mort, il n'y a ni joie ni générosité, dis-je, je mettrai mon épice rose et. 'mes brins de géranium à l'intérieur du cercueil.' Et je l'ai fait. Et puis j'ai retiré la bague dorée avec les deux cœurs et le « D » à l'intérieur, dis-je, même si je ne vais pas forcément revenir sur Scripter, je le fais. Je suis sûr que Sweeney ne resterait pas ici *avec ce* sourire, s'il n'avait pas, d'une manière ou d'une autre, dans l'autre monde, eu vent de Deely. Alors j'ai glissé cette bague à son doigt raide, et pendant que je montais le cercueil et que je partais, j'ai presque cru l'avoir entendu tout de suite.

UN ENFANT DE PRISON.

A T un âge où la plupart des enfants sont tendrement enveloppés dans le coton de la réclusion domestique, cette bambine aux cheveux d'or, la fille du gardien, une petite créature sans mère, échappée à l'insouciance d'une servante occupée à tous les travaux, était devenue , comparativement, un personnage public, et non plus un bébé privé, avait été tacitement approprié par toute une communauté pénitentiaire.

« Se promener à l'étranger » dans le spacieux corps de garde ; crépitant à droite et à gauche, sur de minuscules pieds sans but, elle scrutait curieusement de haut en bas et autour d'elle. Avec un émerveillement enfantin (elle-même « le point de mire des yeux voisins »), elle regarda à travers de hautes grilles de fer des couloirs mystérieux, avec leurs étendues interminables de cellules sombres ; aux volées vertigineuses d'escaliers de fer, où, pannikin à la main, des hommes apathiques parcouraient, jour après jour, le même chemin fatigué. Plus attentivement, elle contempla le panorama changeant des visages humains, qui se déroulaient toujours sous son regard innocent. Visages de visiteurs de prison, de gardiens de prison et d'instructeurs ; des visages hétéroclites se pressent derrière les barreaux ; des visages durs et méchants, imprudents et provocants, intimidés et maussades, ou tristes, honteux et désespérés ; pourtant aucun, parmi eux tous, ne se tourna vers elle avec désapprobation, l'enfant de la prison, l'unique rayon de soleil, l'unique présence pure et belle dans cet endroit atteint et peu charmant ! Les pères condamnés, avides de visages de bébés, abandonnés à cause de leur propre folie et de leur crime sans grâce, apercevant un bref aperçu de la tête dorée, un flottement lointain de la robe blanche du bébé, étaient, pour le moment, heureux et bénis.

Bien que, dans l'ensemble, elle ait le cœur léger, comme le sont toutes les jeunes créatures buvant le premier vin doux de leur vie, la petite Mabel n'était pas tout à fait comme les enfants du dehors, qui respirent un air pur et n'ont jamais côtoyé la misère de l'homme. cette « fleur noire de la civilisation », une prison criminelle. Regardant derrière la grille du poste de garde des yeux durs et désespérés, les siens se remplissaient parfois de larmes soudaines ; et marquant, dans une procession sourde, le pas des pieds apathiques et sans joie, la jeune silhouette souple, au pas bondissant, ralentissait souvent instinctivement à un rythme sympathique.

Mais, une fois devenue grâce et en faveur auprès de Dieu et prisonnière, la reine May, maintenant une jeune fille calme depuis cinq étés, avait cajolé le vieux Peter Floome, le coureur de prison et sa nourrice *auto* -élue, à ses souhaits royaux ; lorsqu'elle fut soulevée fièrement dans ses bras, il lui fut permis de passer corporellement dans la cour de la prison, cette région jusqu'alors inexplorée, - de faire un progrès royal à travers toute la ronde des ateliers, - d'éparpiller, à droite et à gauche, des sourires gracieux et des pastilles piquantes aux damiers sauvées. prêt pour cette grande occasion; lorsqu'elle fut transportée triomphalement dans la cuisine souterraine de la prison, pour y être distribuée avec précaution parmi autant de cuisiniers en tablier qu'ils auraient pu servir le « vieux roi Cole », à son meilleur, et qu'elle fut mangée et embrassée sur les lèvres – sans doute pas moralement du genre. le plus propre, mais qu'importe, en effet, cela à l'enfant non critique ? Le condamné, comme « la vache brune de Cathleen », « bien qu'il fût méchant, était *doux* avec *elle* » ; c'est alors que la gloire de l'occasion et la fierté de Peter Floome pour son nourrisson bien-aimé s'élevèrent bien au-delà des hautes eaux. marque de mots !

Et qu'on précise ici que la petite fille du directeur Flint avait, en prison, un autre ami bien plus éligible que ce condamné au cerveau brisé, Peter Floome.

C'était un gardien de prison, à savoir ce notable clé en main qui tient les portes du corps de garde. Son nom, pas trop euphonique, était Timothy Tucker, et bien qu'il fût célibataire de cinquante ans et très doué pour tenir une porte, pour les petits oiseaux et les petits enfants, le cœur du clé en main était comme de la cire.

Peu de temps après son installation dans la salle des gardes, il avait, avec la permission réticente du directeur Flint, accroché, en haut de la haute fenêtre, cinq petites cages à oiseaux. Dans ceux-ci, trois canaris jaunes, un moineau de Java et un délicat couple d'inséparables, tous des créatures optimistes qui...

> "Ne regardez ni avant ni après,
> Ne vous lamentez pas sur ce qui n'est pas" -

sautait avec autant de contentement, ou chantait avec autant de ravissement, que si la prison était effectivement (comme le dit l'argot des condamnés) « le palais ». Quant à l'enfant de prison, dès la première heure de son apparition au corps de garde, elle avait dominé le cœur sensible du guichetier. Il l'avait appelée sa « petite Fleur », et quand, plus tard, elle lui communiqua la jolie abréviation de son nom, ce fut lui qui maria les deux mots charmants, et fit ainsi le « nom de prison » de la fille du directeur. Fleur de mai. Le clé en main génial et amoureux des enfants était rarement trop occupé pour piloter les petits pieds chancelants sur le sol de la salle de garde ; pour la tenir haut dans ses bras pour « regarder les oiseaux » ou pour la soulever, avec un plaisir vertigineux, jusqu'à son perchoir préféré, son grand bureau, près de la fenêtre arrière, commandant toute l'agitation fascinante de la cour de la prison. Et quand, d'une enfance bavarde, elle était passée à une enfance bavarde et curieuse, c'était lui qui prêtait une oreille toujours prête à ses mille et une questions.

« Les enfants, maintenant, *c'est* du curus », dit M. Tucker à sa logeuse, au-dessus de sa pipe du soir, « ils battent les oiseaux en criant ! Il y a May-blossom, maintenant, elle n'a que six ans, et elle *me colle* parfois, elle *le fait.* , et pas d'erreur !"

Le cheminement de la pensée qui a conduit à ces observations franches avait été lancé dans l'esprit du bon clé en main par le souvenir d'une récente escarmouche théologique avec ce petit être astucieux, dans laquelle (pour reprendre ses propres mots forts) il "avait été le plus gol sacrément". 'vaut battre." Cet embryon de libre-religionnaire a insisté pour qu'on lui dise : « Pourquoi, si Dieu, *c'est vrai* , aimait tout le monde, et était plus grand et plus fort, et toujours plus bon que les *autres* , Il n'empêchait pas les gens d'être mauvais, alors ils ont dû être mis en prison, sans petits enfants à embrasser, sans chatons avec lesquels jouer, sans fraises, sans gâteaux et sans choses à manger ? Ah, petite âme ! trop tôt perplexe face à l'ancienne énigme ; pourquoi *ne le fait* -il pas… pourquoi, en effet ! Jeunes et vieux, sages et simples, nous devinons tous ensemble ; et aucun homme ne résout l'énigme immémoriale !

Peter Floome — quand, un dimanche, l'aumônier de la prison exhortait ses ouailles pas trop attentifs à une pieuse dépendance aux soins divins — avait l'habitude de faire ses propres commentaires désobligeants sur ce discours bien intentionné, mais souvent inapplicable. "'C'est pas du tout utile" (dit ce critique bénévole à ses codétenus) "o' l'aumônier se vante *ici* de la Providence, et ainsi de suite. Très probablement, le Tout-Puissant *est* , plus ou moins, « s'occuper » des choses ; mais, naturellement, le diable prend en charge les prisons et les gère à sa manière.

Peter, ayant passé vingt bonnes années en prison, son expérience comptait sans aucun doute. Ses déclarations devaient cependant être prises avec ce grain de sel correctif avec lequel on qualifie sagement la déclaration du « manivelle » ; car, dans l'ensemble, mentalement sain, après une longue détention et de nombreuses réflexions désespérées, le cerveau de Peter Floome avait pris une tournure résolument pessimiste, et, dans les cercles carcéraux, il était unanimement surnommé « un excentrique ». C'est après la mort de l'épouse du directeur Flint que la théologie de Peter devint un peu plus optimiste, car c'est alors que la fille du directeur, âgée d'un an, par le consentement tacite de tous ceux qui pouvaient en être concernés, tomba sous sa garde particulière.

En sa qualité de coureur, Peter avait, comparativement, la liberté de la prison et était particulièrement affecté au service de la maison du directeur. L'enfant – avec ce choix inexplicable de favoris inhérent à son espèce – s'était rendue célèbre auprès de sa nourrice sèche. C'est l'apparition soudaine de cette nouvelle étoile sur l'horizon étroit du coureur qui inspira la harangue suivante : « Si le Tout-Puissant, comme je l'ai dit, ne se *moque pas* de lui-même, du moins, il *le fait*, de temps en temps. , envoie des petits anges, etc. , pour maintenir le courage d'un homme.

Pierre et son « petit ange » pouvaient désormais être souvent vus ensemble ; car l'enfant, qui le suivait de près, s'était un jour glissé furtivement par la porte du corps de garde, et était ainsi devenu un *habitué régulier* de cet appartement semi-public.

Dix étés de cette vie d'enfant exceptionnelle s'étaient écoulés sur la tête dorée de Fleur de Mai, lorsque le Destin (cet autre nom de la Providence) l'envoya soudain dans un environnement bien plus bienveillant que celui dans lequel ses doux jeunes yeux s'étaient ouverts sur cette vie aux multiples facettes. existence. Mais, pour l'expliquer, il faut s'évader immédiatement de prison.

Ici, dans le doux ciel de septembre, on ne voit pas le moindre nuage. La rivière, brisée en ondulations sans fin par un vent d'ouest vif, ressemble à un soleil en fusion ; et peu de tiges de son rivage de galets, voici ce beau spectacle, une vieille ferme coloniale !

Quatre générations de Parkers ont vécu leur vie dans cette ancienne demeure au bord du Saganock, qui possède toute la richesse (si l'on peut inventer un mot) inhérente aux maisons ancestrales des enfants favorisés des hommes qui ont beaucoup de biens en réserve. pendant de nombreuses années. Et ici, sur « le perron », dans l'aisance d'après le dîner, est assise la maîtresse du manoir, Miss Paulina Parker. Miss Paulina est la dernière des Parker. Dans sa robe de neige et son bonnet de gaze, elle est aujourd'hui aussi délicate qu'un papillon blanc. De partout, elle est connue sous le nom de Lady Bountiful de Saganock ; et une vieille fille plus chère et plus belle sur laquelle le soleil n'a jamais brillé ; et, bien que son soixantième anniversaire tombe le vingt de ce mois même, vous ne voudriez pas qu'elle ait plus de quarante-cinq ans ! Le vieux corps maigre et décharné, qui se balance près de la fenêtre, dans l'encoche de la cuisine, est Harmy Patterson. Au cours des cinquante dernières années, Harmy a cuisiné et économisé pour la famille Parker, et se considère toujours dans la fleur de son utilité. Elle lit le Boston *Recorder* à sa *confrère* Mandy Ann, la deuxième fille; qui, tout bouche bée, avale les délicieux meurtres, mariages et morts qui pimentent ses colonnes. Reuben, l'employé, passe tranquillement sa tondeuse à gazon devant la fenêtre ouverte, s'arrête de temps en temps en dessous pour se consoler avec un morceau d'horreur particulier. Tandis que Miss Paulina, dans une rêverie pensive, regarde la rivière et le ciel et remarque comment, dans le cimetière de Saganock, un ou deux érables ont rougi prématurément, elle se retrouve soudain confrontée à Harmy Patterson, journal à la main, lunettes posées sur elle. le devant brun et les cordons de casquette volant au vent. Indiquant avec enthousiasme, avec son long index, une rubrique spéciale de son journal préféré, elle s'exclame en haletant : "C'est dommage, Miss Paulina, du jes', lisez *ceci* !"

Accédant promptement à la demande de l'ancien corps, Miss Parker lit attentivement ce qui suit :

TRAGÉDIE CRAINTE À LA PRISON D'ÉTAT !

> Alors que le directeur de la prison de l'État du Massachusetts faisait ce matin sa ronde d'observation et d'inspection parmi les magasins, se trouvant dans le département de cordonnerie vers dix heures et demie, et passant devant le banc où se trouvait un certain Hodges (un condamné pour troubles mentaux, qui , après des punitions répétées et sévères, avait, ce matin-là, été renvoyé dans son magasin) était au travail, Hodges se jeta soudain sur lui par derrière, le poignarda avec un couteau de chaussure et le tua sur le coup. L'assassin a été immédiatement sécurisé, lourdement repassé et confié, pour des raisons de sécurité, à « l'Arche inférieure ». Le corps du malheureux gardien fut transporté à l'hôpital, un coroner convoqué et les inspecteurs convoqués. Par ce triste événement, une jeune famille est privée du soutien paternel et de la prison d'un officier fidèle et éprouvé.

"Cher moi, Harmy, quelle triste affaire !" s'écrie le lecteur compatissant ; "et le papillon de nuit de Josiah Flint... non ; laissez-moi voir ! Je l'ai maintenant. *La grand-mère de Josiah Flint* était une... était une Parker, Harmy."

"Oui", répond la femme, qui a la généalogie Parker au bout de sa langue ; "et ton père était cousin *au second* degré; et le directeur, s'il avait survécu, serait ton cousin *au troisième* degré. Pour l'amour de la loi! Cela me dérange, autant que possible, que le jeune Josiah et son père viennent à Saganock. Tu étais une jeune fille à l'époque, et le vieux Josiah, il était ministre à Salem, et son père avant lui (et *il était chaud et lourd* pour les sorcières, disent les gens. Eh bien, il est venu à Saganock pour prêcher pour notre ministre). , et j'ai amené son garçon ; et étant des relations, on leur a demandé de nous supporter Sakes vivants ! Je m'en souviens très bien, mais hier, nous avons mangé de la tarte aux pommes et du lait entre les sermons. et quand la réunion de l'après-midi était terminée, je leur ai préparé un dîner très chaud. Eh bien, le vieil homme était un puissant prédicateur », divague le vieux serviteur, tandis que

Miss Paulina, insouciante de son bavardage, réfléchit à la situation. " Et j'ai fait des exercices d'esprit remarquables ce dimanche-là ; mais là ! ce garçon, mon Dieu ! n'a-t-il pas cédé la place à mes beignets de palourdes et à ma tarte aux groseilles ? Eh bien, eh bien, ce monde est en train de mourir ; et maintenant *son* heure est venue ; et c'est aussi une terrible providence ! » Et ici, gentiment inconsciente de l'ancien assaut sur son dîner, la vieille Harmy verse une larme de pitié pour le gardien mort.

"Harmy", dit Miss Paulina d'un ton décisif, "la femme de Josiah Flint est morte depuis neuf ans, et quelqu'un doit s'occuper de ces pauvres enfants orphelins. Dites à Reuben de mettre Major dans le fourre-tout. Je prendrai le prochain train pour Boston, et restera probablement à la prison jusqu'à la fin des funérailles.

Conformément à cette résolution humaine, Miss Parker prépare son sac de voyage et, dans sa deuxième meilleure robe de soie noire, part à 16 heures pour la prison d'État. Très froide et grise, au crépuscule du début de l'automne, se trouve la résidence de feu Josiah Flint, lorsque Miss Paulina Parker descend du wagon de dépôt à son entrée renfrognée. Une femme de ménage blasée répond à la cloche et l'introduit dans un salon négligé, et répond ainsi à ses demandes concernant « la famille du directeur » :

"Famblee, n'est-ce pas, je m'en souviens, bien sûr, et c'est tout simplement brisé, c'est vrai. Il y a lui-même (que Dieu le garde) aussi mort qu'un clou de porte. Le bébé a eu lieu il y a des années, avec la mère; et bientôt il est mort d'une pneumonie à l'ammoniaque la dernière fois, alors qu'il était à l'école ; et en ce qui concerne la fille, elle est si désireuse, bien sûr, que je n'ai pas pu mettre le doigt sur le cratère cette minute-là.

Découragée par ce bref résumé, Miss Parker est à moitié encline à une sortie de prison française ; mais inspirée par l'espoir d'une utilité future pour le petit orphelin sur lequel Bridget ne peut pas « mettre le doigt », elle décide de rester et, d'une manière ou d'une autre, de se frayer un chemin dans ce cercle domestique douteux et fragmentaire.

"Je suis Miss Parker (explique-t-elle), la cousine du directeur, de Saganock. Je suis venue rester pendant les funérailles, si vous pouvez me garder commodément.

"Bien sûr, je ne peux pas le faire, si, par ailleurs, cela vous convient", répond la jeune fille. "Le corps, en fait, est après s'être réveillé dans la chambre de bist; mais il y a la salle d'enchères d'entrée à votre service, entièrement."

Miss Paulina acceptant gracieusement la chambre offerte, Bridget ouvre gentiment la voie à la « salle des enchères d'entrée » ; et, lui disant « n'ayez pas peur du korp », se précipite à la recherche des meubles de toilette nécessaires, laissant l'invité seul dans le petit appartement sombre.

Mêlée à son expérience de vie, comme elle l'a toujours été, la mort a jusqu'à présent été calmement affrontée par Miss Paulina ; mais ce soir, seul dans une demeure étrangère, avec un homme assassiné dans l'appartement voisin, et voisin sans doute de dizaines de meurtriers, tout cela est inexprimablement déprimant ; et quand Bridget, après avoir, comme elle le dit, attendu « d'essuyer une serviette de clan et haïr un appartement pour ça », arrive en trombe dans le couloir, la nappe humide sur le bras, une lampe dans une main, et une aiguière qui coule dans l'autre, la dame nerveuse est à moitié disposée à la serrer dans ses bras pour le simple soulagement que procure sa présence ! Arrangeant à la hâte le lavabo poussiéreux, Bridget annonce le moment où le dîner commence et l'invite gracieusement à « jeter un oeil au korp et à une petite promenade ». Restée seule, Miss Paulina enlève bonnet et châle, se lave le visage, enfile sa casquette et, ignorant « le korp », descend en toute hâte vers la salle à manger.

Le souper, un repas mal cuisiné et mal servi, est solitaire et inconfortable, la « enfant » ayant, selon Bridget, gentiment consenti à être capturée, à se coucher et à pleurer pour s'endormir. Miss Paulina, fatiguée et désespérée, prend bientôt sa retraite. Déjà à moitié déshabillée, elle découvre que son sac de voyage, contenant son équipement de nuit et ses affaires de toilette, ainsi que divers paquets savoureux, fournis comme "sops" pour de supposés petits Flints hostiles, a été laissé sous les escaliers. Bridget étant vraisemblablement insensible, la bonne dame doit elle-même chercher le sac manquant. Il est en sécurité dans le hall d'entrée et, le sécurisant à la hâte, elle essaie de regagner ses propres quartiers. Dans sa perplexité, elle manque d'une manière ou d'une autre la porte de sa chambre et ouvre à la place celle de la chambre contenant le cadavre.

Déjà bien entrée dans l'appartement, elle découvre son erreur, et, simultanément, laisse tomber sa lampe, surprise par le tableau inattendu qui se présente à elle. Ici, dans la pièce faiblement éclairée, près du gardien assassiné, dont elle a découvert le visage, comme une statue exquise de la Pitié, muette, immobile et à peine moins pâle que le marbre devant elle, se tient la silhouette en robe de nuit. de mai-fleur. Aucun recul enfantin face à cette horrible présence ne vient troubler son visage doux et sérieux. Une crainte solennelle est dans les yeux gris nostalgiques, une interrogation muette de ce mystère confronté, mêlée au tendre pathétique de l'amour compatissant. Surpris par le bruit de la lampe qui tombe, l'enfant se retourne et attend timidement l'approche de l'intrus inconnu. Chère et aimable Miss Paulina ! La surprise et l'émerveillement cèdent immédiatement la place au désir absorbant de serrer dans ses bras chauds et maternels cette charmante enfant solitaire.

"Pauvre petite chérie", murmure-t-elle avec caresse, en s'approchant et en embrassant la joue mouillée de larmes. "Pourquoi es-tu ici si tard et tout seul ?"

"Je pensais", s'excuse l'enfant, "je pensais que ce n'était peut-être pas si *mal*. Les nuits sont si longues, et quand j'essayais de dormir, mes yeux ne fermaient pas, car je pensais à lui (montrant avec révérence le cadavre).), et de l'autre aussi. Peter dit *qu'il est* fou et terriblement méchant, et là-bas dans le cachot avec les rats, et tout en fer. Et quand j'y ai pensé, je me suis réveillé de plus en plus, et puis ! Je suis venu voir mon père de son vivant (en s'excusant), bien sûr, il ne se souciait pas de ma présence, et donc je suis resté principalement avec oncle Tim et Peter, et les autres, mais j'ai pensé qu'il pourrait être content de se lever ; au ciel, s'il me voyait rester avec lui *maintenant* alors qu'il est tout seul.

« Ce n'était pas du tout faux, chère enfant », dit Miss Paulina ; " mais viens avec *moi* maintenant. Je suis le cousin de ton père, mon enfant, ta tante Paulina. Tu essaieras *mon* lit cette nuit et verras si tu ne peux pas *y dormir*. "

En permettant à l'enfant un dernier baiser de bonne nuit, Miss Paulina recouvre le visage mort du directeur Flint, sur lequel persiste encore la vive agonie de cette cruelle sortie de la vie, et les deux quittent la chambre avec révérence.

Jamais, dans toute la vie sans mère de May-blossom, il n'y a eu une nuit comme celle-ci. Les câlins chaleureux dans des bras tendres, deux contes de fées, le coucher au lit et, pour finir, le chant d'une ballade écossaise, douce comme la pluie d'avril, au rythme apaisant duquel la petite âme fatiguée flotte un moment dans une semi-conscience, et, enfin, tombe délicieusement dans les bras doux du sommeil.

Nous pouvons être sûrs que tous les vétérans des funérailles (ces irrépressibles « muets ») étaient présents lors des funérailles du directeur Flint ; que ses vertus les plus secrètes étaient mises en avant et exposées à la parade pour l'occasion, et que le nombre habituel de personnes présentes qualifiait ces remarques d'« excellentes ». Après l'office, le cercueil est porté découvert à travers la salle des gardes et déposé dans la cour de la prison. Les forçats qui s'y présentent, en procession respectueuse, ont droit à un dernier regard sur leur gardien. Hodges, le meurtrier, sorti de son cachot sans rayons et clignant des yeux avec étourdissement à la lumière, est (selon l'ancienne mode expérimentale) mis face à face avec le cadavre. Il ne pleure ni ne sourit. Son visage affiche l'expression vide d'une totale imbécillité. Après de nombreuses incitations de la part de ses serviteurs, il reconnaît le directeur et babille : « Oh mon Dieu ! est-ce que je l'ai tué ? Lorsqu'on lui demande de poser la main sur le corps, il recule et frémit. Il ne montre aucune autre émotion et, faisant claquer ses fers, est ramené d'un air supiné à « l'Arche inférieure ». Les condamnés se retirent en procession lente et ordonnée et le cercueil est ramené dans des quartiers plus privés. Le couvercle est vissé. Mme Jones, debout à la fenêtre avant, compte les voitures et, pendant que le corps est ajusté sur son corbillard, Mme Miller, dans un murmure résonant, demande à Mme Brown : « Dans combien de temps ils comptent monter dans le nouveau maison, et si elle a sevré le bébé ? » Au milieu de ces bavardages faciles, les voitures de deuil se remplissent, le cortège démarre. Après cela, les Jones, les Miller et les Brown suivent leur chemin. Les funérailles sont terminées.

Le successeur du directeur Flint, un homme assez âgé avec des fils adultes, rapidement nommé par le gouverneur, arriva sur les lieux juste après *son* départ (les lacunes les plus larges de la mort sont bientôt comblées !), et, comme il n'y avait personne pour lui dire non, , Miss Parker a tacitement adopté son enfant sans abri et s'est préparée à *son* départ. Miss Paulina (aussi admirable soit-elle) avait ses limites. La condamnée, vue à travers la lentille désobligeante de ses propres lunettes immaculées, n'était pas une associée éligible, et les adieux tendres et complets, autorisés entre sa charge innocente et ses amis atteints, étaient un acte héroïque de bonne volonté. le rôle de cette excellente dame.

Enfin, tout était bien fini. May-blossom avait fait ses adieux à Peter Floome et à « Oncle Tim », et ses doux yeux encore humides de larmes et suspendus, comme à une dernière planche, à la cage d'un canari jaune flottant (le souvenir d'adieu de l'inconsolable clé en main), a été confiée en toute sécurité dans le train de 14 heures en route vers Saganock, – elle n'est plus une « enfant de prison ».

La dépression générale provoquée par le retrait de cette douce présence familière de la vieille prison grise fut légèrement atténuée par un intérêt spéculatif pour le nouveau directeur. On pouvait raisonnablement espérer que ce balai flambant neuf balayerait *certains* abus séculaires, tels que la couronne de fer, le boulet, le fouet et la tenue bariolée des prisonniers. On a également laissé entendre qu'il réduirait le nombre d'envois à « l'Arche inférieure », étant donné qu'un coupable récemment incarcéré était devenu complètement fou dans cet endroit peu recommandable et avait refusé, à l'expiration de sa période de détention, de quitter les lieux en faveur d'un nouveau locataire, avait été, comme un rat insaisissable, en fait sorti de son trou ! [2] Quant à cette puissante incitation à la bienséance qu'est la douche pénale, on murmurait que même les commissaires eux-mêmes étaient devenus hésitants quant à son utilité, puisque le triste départ d'un directeur de prison en avait été le dernier résultat. mode de torture disciplinaire, dont une description est ici jointe pour les curieux.

[2] Un fait fourni par un officier âgé qui a été témoin de cette expulsion unique.

Le misérable réfractaire, les bras, les jambes et le cou enfermés dans des crosses de bois, est assis, nu, dans un petit cabinet sombre. De trois à quatre barils d'eau sont placés au-dessus de sa tête, à une altitude de six à huit pieds. Incapable de changer le moins du monde de position, il reçoit sur le sommet de la tête, goutte à goutte, en averse soudaine ou en douche abondante (selon la fantaisie de son bourreau), ce terrible bain. Comme une réflexion diabolique de l'inventeur, un collier en forme de tranchée est conçu pour encercler le cou de la victime ; à mesure que l'eau descend, ce collier se remplit, et il est fait de telle sorte qu'au moindre mouvement de la tête du malade, l'eau coule dans sa bouche et ses narines, jusqu'à ce qu'il soit au bord de l'étranglement. Par ordre du Conseil, la salle de douche fut, en 18—, installée dans la prison d'État. Cette institution criminelle aurait-elle pu fournir une réserve illimitée de cerveaux étanches, elle aurait pu y prospérer indéfiniment ; mais les détenus fous sont gênants, voire *parfois* dangereux, et la folie derrière les barreaux ne doit donc pas être provoquée sans raison.

Hodges, un pécheur provocateur et incorrigible, avait été, depuis longtemps, « sous traitement ». Sous l'ordre du directeur Flint, il avait (pour le dire dans le propre anglais forcé de Peter Floome) "ben douché de son esprit, et de son esprit, puis s'est douché encore une fois . " Dans l'état mental anormal provoqué par cette torture prolongée, le misérable s'était finalement retourné contre son bourreau. Découragé par ce résultat pratique inattendu du bain-douche, le Conseil a par la suite ordonné l'arrêt de son utilisation dans la prison ; et Hodges fut le dernier sujet de cette invention infernale.

Il fut traduit en justice pour le meurtre de son gardien et acquitté pour cause d'aliénation mentale ; et a finalement réussi à s'échapper de cette vie troublée, en sautant d'une fenêtre supérieure de l'hôpital national des aliénés.

Hodges était un voyou accompli et un second venu à la prison, et on peut en déduire que par la porte de la mort « il est allé à sa place », ne laissant le monde pas plus pauvre en s'en retirant ; il faut tout de même le féliciter d'avoir finalement échappé à la cure d'eau pénale.

C'est le 1er mai ; et marée haute avec le Saganock. C'est une rivière rapide et débordante qui, à ce moment-là, confirme pleinement cette vieille pensée distrayante : « Le temps et la marée ne restent pour aucun homme ». Et ici, au milieu des lilas en herbe et des rouges-gorges chanteurs, dont certains font une demi-tête de plus et ont deux bonnes années de plus que le jour où elle a dit un dernier adieu à la prison, fleurit le mois de mai. Sur ce versant ensoleillé de la pelouse Parker, elle recherche des violettes précoces. Son doux visage est devenu plus mince. Des cernes violets soulignent ses doux yeux gris. Ses lèvres sont comme des fils de laine écarlate et, en écoutant, vous pouvez entendre sa toux profonde et creuse. Hélas! C'est un son à faire mal au cœur.

Bientôt lassée par ses vaines recherches, l'enfant retourne dans son coin douillet sur « le perron », et là, recroquevillée sous les plis doux et chauds d'un afghan, elle regarde le soleil couchant, les nuages duveteux et la rivière familière se précipiter vers la mer.

Pendant ce temps, à la porte nord, le Dr Abel Foster, « l'homme-médecine » de la famille, descend vivement de son buggy. Avant que sa main ne puisse toucher le heurtoir, celui-ci est ouvert par Miss Paulina elle-même. "Bonjour, ma chère dame ; et donc la chatte est toujours malade, n'est-ce pas ?" s'écrie le bon docteur (cela avec une nonchalance assumée, un peu exagérée).

"Oui, docteur Foster", répond Miss Parker; « et voudriez-vous bien sonder ses poumons aujourd'hui, et me faire savoir le pire ? On bronche en effet, mais, si cela *doit* arriver… pourquoi, alors… » un tremblement inquiétant dans la voix douce ; et le docteur interrompt astucieusement :

" Soyez bénie, madame ! Je suis terriblement pressé ! Vingt patients m'attendent à l'instant ! Laissez-moi voir la petite fille tout de suite. "

La fleur de mai est appelée, son poignet veiné de bleu confié aux grandes antennes du médecin ; sa langue soumise à une inspection critique ; et, après avoir subi des coups et une écoute professionnels prolongés, elle est profondément serrée dans ses bras et embrassée, puis, avec un signe de tête et un sourire, renvoyée. Après cela, le docteur Foster et la dame du manoir restent enfermés ensemble pendant un moment. Le buggy traverse ensuite l'allée et disparaît sur la longue route poussiéreuse. Peu après, la porte sud s'ouvre et un visage pâle et triste, mais très calme, se penche sur l'enfant, qui a de nouveau regagné sa place extérieure. L'afghan chaud est très tendrement plié autour de sa petite forme fragile. Les rouges-gorges ne chantent plus. Le soleil, à moitié masqué, se couche. Le cimetière se détache tristement sur le ciel sombre. Les pins gémissent tristement et la rivière, à marée descendante, murmure un triste refrain. Le vieux Harmy, moulant des biscuits au thé à la fenêtre de sa cuisine, confie à Mandy Ann – qui rase le bœuf séché pour le thé – sa conviction que Miss Paulina « est devenue complètement folle, s'installant dehors avec cet enfant, et la rosée » une chute à la minute même, genre soixante !" Miss Paulina, reprenant ses esprits, fait entrer en hâte son chéri. La table à thé est déjà dressée dans le garde-manger sud, à côté de la large cheminée, avec sa grue ancienne et sa bordure scripturaire de carreaux hollandais bleu aqueux ; et, dans la joyeuse flamme du bois de pommier, tous deux prennent ensemble ce repas désormais presque obsolète : un copieux thé de six heures. La fleur de mai est alors confortablement installée parmi les coussins d'un grand salon en chintz, et la dame aînée, assise sur un siège bas à côté d'elle et tenant amoureusement sa petite main décharnée, comme à son habitude, cause agréablement avec son chéri, dans le crépuscule doux et silencieux. A neuf heures, ils passent, main dans la main, dans la chambre de Miss Paulina, où le berceau de l'enfant est installé depuis longtemps. La fleur de mai déshabillée, embrassée et bénie, se glisse somnolente entre ses couvertures chaudes et s'endort bientôt profondément. Miss Paulina, en robe de chambre, rumine sur le feu mourant, jusque tard dans la nuit. Hélas! tous ses bien-aimés ne sont-ils pas partis d'elle ? Pourquoi le ciel ne lui aurait-il pas épargné cette dernière brebis, si tendrement portée dans ses bras et réchauffée dans son sein solitaire ? Pourquoi pas; ah *pourquoi* ? Elle se souvient du réconfort béni de deux années éclairées par l'amour ; les leçons quotidiennes, alors qu'enseigner à cette brillante petite créature n'était qu'un simple passe-temps ; leurs fougères et leurs cueillettes de fleurs dans les bois, leur confort hivernal au coin du feu, tous les délices sans nom de la chère camaraderie de l'amour - des fleurs de bord de route qui, à peine perçues, fleurissent le long des sentiers battus de la vie. Et maintenant, tout touche à sa fin ! Il ne lui restera plus qu'une petite tombe recouverte d'herbe ! Comme s'il n'y avait pas déjà assez de tombes dans son monde !

May-blossom, bien que n'étant pas un enfant malade, n'avait jamais été robuste ; et quand, au milieu de l'hiver, elle avait attrapé la rougeole, cette épidémie d'enfance l'avait durement touchée. Elle n'avait convalescent que lentement ; une vilaine toux s'était déclarée et ne pouvait être apaisée ; et maintenant il y avait des après-midi agités, des sueurs nocturnes débilitantes, suivies de matinées de lassitude ; et, aujourd'hui, le docteur Foster avait résumé son diagnostic en un mot affreux : *consommation* !

« L'enfant, expliqua le bon docteur, les larmes aveuglant ses bons vieux yeux, a grandi (pour ainsi dire) dans la cave ; organisation nerveuse délicate ; trop de cerveau ; trop peu de vie au dehors ; et le résultat de tout cela tout est simplement ceci : avec cette toux et cette constitution (Dieu nous aide !) un ange du ciel ne pourrait pas la sauver !

L'été arrive. Les boutons d'or sont là. La fleur de mai est meilleure. Elle dort bien, tousse moins et son appétit se rétablit. Forte d'un espoir trompeur, Miss Paulina reprend courage, et le train pour Boston, d'où, couronnée par le butin d'une demi-journée de courses, elle revient en ce moment même. Le fourre-tout gémit assez sous ses paquets accumulés ; et le sac à fermoir en acier sur son bras est pléthorique, au dernier degré. Des heures ont passé depuis qu'elle s'est séparée de son chéri. Descendant précipitamment, elle se précipite à l'intérieur. Il y a un léger tremblement d'anxiété dans sa voix lorsqu'elle appelle : « Mai ! Mai, Mai, chérie ! Où *peut* être l'enfant, pour qu'elle n'ait pas couru à sa rencontre ! "Peut!" encore une fois, et plus fort – toujours pas de réponse. Et pourtant, maintenant, une voix indubitable vient roucouler de la cuisine. "Qui la chérie *peut* -elle caresser ? (Harmy Patterson, bien que fidèle et aimant, n'est pas du genre à se plier aux tendresses !) Son chaton, très probablement."

Elle ouvre doucement la porte de la cuisine. L'étonnement lui retient les pieds sur le seuil ! Harmy, muette d'horreur, désigne avec l'index tendu son propre fauteuil à bascule recouvert de coussins en patchwork, sur lequel, tout droit, est assis un homme inconnu, — et *un tel* homme ! Ses vêtements grossiers et poussiéreux (évidemment confectionnés sans la moindre référence à celui qui les porte actuellement) pendent comme des épouvantails sur sa silhouette sans grâce. Sous son chapeau ample (qu'il conserve démocratiquement), il semble se cacher abjectement aux yeux du spectateur ; aussi bien qu'il le puisse, car, mal rasé et non tondu, sa large bouche tachée de tabac, ses mains et son visage souillés de poussière, il ressemble, à chaque centimètre carré, au misérable exclu qu'il *est* ! Et (pas étonnant que le vieux Harmy reste bouche bée, désemparé), assise amoureusement sur les genoux de cette créature, ses doigts délicats serrant sa main sale, ses boucles dorées effleurant son cou crasseux, est May-blossom, - oui, May-blossom, sa propre douce moi. , rayonnant et affectueux, et absolument inconscient de l'incongruité de la situation. Et cet être désespéré, qui a toujours soif d'humanité mais qui peut porter sur ses épaules la tête honteuse d'un homme, est un forçat, notre vieille connaissance de prison, Peter Floome, parfois l'infirmière de May-blossom, et toujours ami !

Sautant légèrement de son perchoir inconvenant, l'enfant s'empresse d'accueillir Miss Paulina et, s'accrochant affectueusement à sa main, s'écrie avec impatience : « Oh, tante, chérie, je suis si heureuse que tu sois venue ! Voici Peter, cher vieux Peter ! Il est gracié, ma tante, et n'est-ce pas sympa ? Il peut venir me voir tous les jours maintenant s'il le souhaite.

"Eh bien, ma tante ! (un peu découragée) tu n'es pas contente ? et tu ne veux pas lui serrer la main ? Peter est gentil, ma tante, et il prenait *tellement* soin de moi quand j'étais *si* petite. Tu vas comme Peter quand il se lave, et Harmy aussi, même si elle *s'en* soucie un peu *maintenant* , parce qu'elle ne le connaît pas. (Harmy, *à voix basse* , et avec insistance : « Pour l'amour de Dieu, non, et je ne veux jamais l'être ! ») Ici, des réminiscences de l'étiquette de la prison visitant l'esprit hébété de Peter, il se remet timidement sur ses pieds et, tirant distraitement vers son toupet emmêlé, exécute une certaine performance gymnique, censée, par lui-même, constituer un arc. La glace ainsi brisée, Peter retrouve sa langue et laisse échapper un "Bonne journée, Marm, j'espère que je te vois bien, Marm."

Miss Paulina s'incline, une pause s'ensuit. Peter regarde May-blossom avec admiration et, s'inspirant ainsi, se retrouve à la hauteur d'une seconde tentative de conversation.

"Elle a grandi, Marm, comme la espiègle !" il affirme; "mais je l'ai connue, je *l'ai connue* , à la minute où je l'ai vue là-bas dans le terrain de tonte ! et elle *m'a connu* , elle l'a connu ! Oui, oui, elle a connu Peter ; elle l'a connu. Pauvre vieux Peter ! qui je ne me connais presque plus lui-même aujourd'hui. Ici, la voix de Peter devient rauque et, essuyant une larme sale, avec la manche grasse de son manteau, il semble attendre l'issue. Peter Floome est carrément aux antipodes sociaux de la maîtresse de maison. Conventionnellement, ils ne se tiennent pas côte à côte dans le groupe humain, mais, comme les anges non fraternels de Swedenborg, « pieds contre pieds ». Pourtant, dans la harangue naïve de cette pauvre créature, il y a une touche de nature honnête qui les rend immédiatement parents.

"Et moi aussi, je dois te connaître, Peter", dit-elle en s'avançant cordialement et en prenant dans sa paume propre sa main sale.

Incapable d'exprimer son appréciation de l'honneur ainsi conféré, Peter fait tournoyer ses pouces, ose un regard latéral à Harmy et, encore une fois complètement dénigré à ses propres yeux, regarde le sol avec inquiétude.

Prête à réconcilier la créature intimidée avec lui-même, Miss Parker dit courtoisement : « Et maintenant, Peter, vous aimeriez, je pense, monter dans la chambre de Reuben et vous laver bien. Bientôt, Harmy vous donnera du thé, et ensuite nous devons tout savoir sur le pardon, et comment vous êtes arrivé ici, et ce que vous comptez faire de vous-même, et ce que *nous* pouvons faire pour vous. Viens, Mabel, mon cher Peter, tu sais, c'est *ta* compagnie. escaliers, ma chérie.

De nouveau, la petite main douce est posée dans la patte rugueuse et brune, et Peter Floome, dans un état de perplexité absolue quant à son identité personnelle, s'éloigne maladroitement avec l'enfant ravi. Et que dit Harmy Patterson de tout ça ? "Voici un forçat, un horrible forçat", crie-t-elle, "et invité à prendre le thé, et cet enfant le serre dans ses bras et l'embrasse de sang-froid ! Seigneur ! Seigneur ! où *viennent* les Parker ?" Ici, incapable de poursuivre la fortune sociale déchue de la maison, Harmy se couvre le visage avec son tablier à carreaux et fond en larmes. Attristée par la déconfiture de son ancienne servante et amie, Miss Parker essaie un mot de protestation. Elle fait appel à son hospitalité, à son humanité, lui rappelle sa profession de disciple de Celui qui « s'est assis à table » avec le pécheur. En vain! tout aussi bien aurait-elle pu s'adresser au pichet de mélasse en pierre d'Harmy, qui, lâché de ses mains sous le choc soudain de l'arrivée de Peter, repose maintenant à plat ventre sur le sol de la cuisine. Déjouée dans sa démarche bienveillante, la maîtresse se retire tranquillement. Harmy, laissée seule, sanglote dans un état d'esprit relativement tranquille. Venant au secours de son pot de mélasse, elle s'assure soigneusement qu'aucune fracture infime n'est consécutive à la chute, et qu'aucune goutte inutile n'a exsudé du bouchon de bois, et, aussitôt, elle se met vigoureusement sur un lot de pain d'épices moelleux, dont la fabrication avait été interrompue par l'entrée de Peter Floome. Pendant qu'elle remue son gâteau, Harmy soupire et résout profondément dans son esprit "les fitness". Dans son lexique social, un condamné est un vil misérable. Dans son catéchisme, il est livré à la damnation depuis la fondation du monde – Dieu dévoué au diable lui-même !

Miss Paulina Parker, dans sa chambre, se lave les mains et réfléchit également aux « fitness ». Ce paria affamé est son frère. Elle lui a pris la main. L'éthique chrétienne démontre la pertinence de cet acte. La main était sans aucun doute sale. Mais qu'importe ? L'eau et le savon remettent les choses en place. Le savon et l'eau racontent aussi Peter Floome, quand, après des ablutions typiquement superficielles, il émerge de la chambre de Reuben, un teint un peu amélioré, mais toujours un triste spécimen d'humanité, et, escorté par May-blossom, est emmené dehors. -des portes, lors d'une tournée d'inspection précipitée. Conduit par cette joyeuse petite créature (tantôt lui tenant la main, tantôt la lâchant pour courir et se retournant, prenant son effet, puis sautillant gaiement en avance), Pierre visite le poulailler, la ruche, le jardin fleuri, le les écuries, la porcherie et, enfin, le verger de pommiers, désormais blanc rosé et fleuri.

Là, allongée sur l'herbe, sous les branches fleuries d'un arbre patriarcal, Miss Paulina tombe bientôt sur le couple étrangement assorti. Peter, couronné de renoncules et de pissenlits, et portant ses honneurs fleuris comme un autre « Bottom », est assis à côté de sa « Titania », qui, dans un engouement affectueux, « sa joue aimable est timide ».

« Dommage, pense l'intrus, de gâcher un tableau si pittoresque. Mais le soleil est déjà bas et elle appelle son chéri depuis la rosée. Dans la cuisine, Harmy a fait des préparatifs à contrecœur pour l'homme intérieur de Peter ; faisant remarquer d'un air sombre à Mandy Ann (qui est entre-temps revenue d'une course au magasin) que "ça lui va vraiment, de mettre des nappes propres pour ces créatures, et de gaspiller de bons vittels là où ils ne peuvent pas le faire". comment être ressenti. Un condamné étant, selon l'estimation de Mandy Ann, un invité inéligible, voire dangereux, alors que Peter et May-blossom entrent par une porte, elle disparaît par une autre. Harmy enfile sa cape-bonnet et marche d'un pas raide dans le potager, laissant le visiteur peu recommandable à son enfant hôtesse.

Peter Floome n'avait pas pensé à boire du thé depuis de nombreuses années et, naturellement, ses manières en compagnie sont quelque peu rouillées. Peut-être que son étiquette à table (ou plutôt son absence totale d'étiquette) aurait pu choquer son animatrice trop partiale (qui, avec une belle courtoisie innée, s'est servie d'une tasse et d'une assiette et garde son invité en contenance en prenant la sienne). prendre un thé avec lui), si sa satisfaction évidente du repas n'avait pas entièrement absorbé son esprit, car (malgré Harmy au contraire) Peter est intrinsèquement enclin à « sentir les bons vittels ». C'est étrangement pittoresque, cette consommation de thé de « Bottom » et de « Titania » ; cet étrange contraste de grossièreté et d'élégance, bien que (comme j'ai le regret de le constater) « Bottom » ignore absolument le couteau à beurre ; met sa cuillère mouillée dans le sucrier ; et, soufflant vigoureusement son thé chaud, au mépris des préjugés populaires, il l'enlève de sa soucoupe renversée et y verse la compote de pommes avec la lame de son couteau. Les jolis efforts de « Titania » pour mettre « Bottom » à son aise sont, en effet, une chose à voir ; car, conscient de son propre manque de respect face à cette occasion inhabituelle, Pierre est, au tout dernier degré, maladroit et déconcerté. Néanmoins, les sourires encourageants de sa petite hôtesse le portent victorieusement jusqu'au bout de cette expérience déchirante. D'autres exigences sociales attendent encore cet homme éprouvé. Immédiatement après le thé, il est emmené par May-blossom dans ce sanctuaire intérieur, le salon de Miss Parker, où, au milieu d'un environnement d'une élégance oppressante, il est encore plus pesé sur terre par le sentiment désobligeant de sa propre abjection.

La vie en prison, sur le plan solitaire, n'est pas propice à la désinvolture familière, et Peter Floome n'est pas non plus habituellement bavard. De nombreuses tasses de thé vert fort d'Harmy ont cependant assoupli sa langue, et, une fois qu'il est bien assis et qu'il a fini, bien que terriblement insatisfaisant, de se débarrasser de ses longs bras et de ses jambes envahissantes, il se trouve suffisamment à l'aise pour raconter une histoire. effort et, à la demande de sa gracieuse hôtesse, se lance désespérément dans son sujet.

"Je suppose maintenant, Marm", commence-t-il, "que tu ne sais pas que mon vrai nom n'est pas Peter Floome. Ce n'est pas non plus le cas de cette jolie petite créature. Les Ballous, tu vois (Ephryam Ballou est *mon* nom) .), c'était des allers collés sur eux-mêmes, et quand il s'agit de prison, je me dis, de toute façon, *je* ne vais pas crache l'arbre généalogique, alors je me suis fait mettre anonymement sur ces livres de prison, et Ephe Ballou on n'a jamais entendu parler du « palais », vous pariez. Cela fera vingt-trois ans, l'automne prochain, marm, depuis que j'ai mis le feu à la grange d'Hiram Hall, j'étais très poivré à cette époque, et « Hiram » et moi. , nous nous sommes disputés. Il m'a servi très méchamment, Hiram l'a fait, et mes squames étaient en place et les siennes aussi, et nous l'avons eu chaud et lourd, et (sauvant ta présence, marm). , et hern) J'ai dit à Hiram que je lui donnerais du lait un jour. Après ça, j'en ai refroidi un peu et je suis rentré chez moi, cependant, et pendant tout le souper, je me demandais comment. J'avais inventé ce foutu sournois. C'est comme ça que je l'appelais à l'époque, marm, car j'avais bu un peu trop de vieux cidre, et je n'avais pas envie de choisir mes mots. « Par Jiminy ! » me dis-je, je l'ai maintenant ! Je me cacherai dans la grange d'Hiram, et quand les gens seront rendus, je laisserai sortir les créatures et mettrai le feu à ce vieux shebang ! Cela va le tourmenter au plus haut point. Eh bien, après le dîner, je dis à ma mère, je lui dis : « Je vais sortir tard ce soir, mère, et tu ferais mieux de ne pas m'installer. Mettez la clé sous le paillasson, et tout ira bien, dis-je.

« Pauvre vieille mère ! continua Peter d'un ton pensif et en baissant la voix. " Après que j'ai *été* absent, et longtemps aussi, et elle s'est énervée à cause de moi, ma mère l'a fait. Bénis sa vieille âme patiente ! Oui, oui, elle s'est engourdie à cause de sa plaisanterie de mauvais garçon cinq ans et six mois, et puis son vieux cœur s'est brisé, et elle s'est réveillée pour de bon et tout, maman l'a fait, et je n'ai pas pu la voir s'effondrer !

Ici, Peter veut reprendre souffle et cœur, et Miss Paulina (elle-même en larmes) réconforte May-blossom, qui sanglote à haute voix. Après cette pathétique interruption, Peter, apparemment calmé par un éternuement prolongé, retrouve le fil de son récit.

« Excusez-moi, Marm, » s'excuse-t-il, « je pense que, à propos de ma mère, j'ai un peu d'avance sur mon histoire, mais, au fur et à mesure que je le disais, j'avais décidé comment trouver une histoire. Hiram, et cette nuit-là, j'ai pris de l'avance sur lui, bien sûr, avant qu'il ne s'enferme, car j'étais là, rangé dans sa fauche, aussi glissant que de la graisse. Eh bien, en plaisantant, alors que l'heure de la réunion de Presberteren sonnait à onze heures, je crains ! " Je suis descendu aux écuries, j'ai sorti la vache et le cheval, et je les ai conduits jusqu'au lot de Medder ; puis je suis revenu, j'ai mis une allumette sous la tonte, et j'ai fait des traces pour hum. " soupira Peter, "le reste est une vilaine histoire, Marm, et peut-être que toi, cette petite créature innocente, ne devrais pas l'entendre." May-blossom est maintenant « toutes ouïes », et Miss Parker, signifiant son assentiment, Peter continue. "Eh bien, à peu près au même moment que le vent, et avant que cette grange ne s'en remette, il y a eu un souffle de canne parfait, et ces étincelles volaient comme le mal! "Seigneur, aide-nous", dis-je, regardant mon enrouleur de chambre, 'pos'n' ça les kerries comme la maison de Hiram en fourrure !' Et bien sûr, c'est *vrai*, et c'était une période de sécheresse, la fraise s'est enflammée comme de l'amadou ! J'étais là en un tournemain, je les aidais à sortir le camion que j'avais partout. maintenant, j'étais sobre comme un juge, et je me casserais la tête pour un ballon de football pour annuler le travail de cette nuit-là. Eh bien, il y avait beaucoup de meubles dans la maison, et Hiram, c'était un saisissant ! mec, et il était obligé de démonter la coque, et après qu'il ait fait trop chaud pour le reste sur nous, il a tenu bon, et... eh bien, la dernière fois qu'il est entré, il *est resté* Pauvre Hiram, j'ai pu ! J'ai presque changé de place avec lui ; car après *ça* , je n'étais pas du tout content de vivre, je savais que je n'étais rien de moins qu'un meurtrier, et je le voulais. Ce n'est facile nulle part, surtout à fredonner, là où ma mère était là, accordant autant d'importance à moi que jamais. Eh bien, à propos, quand les gens ont eu vent de ma dispute avec Hiram et de sa propre histoire. sur moi, ils ont mis ceci et cela ensemble, et j'ai été arrêté pour incendie criminel et je ne peux pas non plus le dire, car j'étais désolé.

« Eh bien, pour faire court, j'étais presque pendu ; mais le gouverneur, il est intervenu à la dernière minute et m'a envoyé à la prison d'État à vie. déshonorez la famille, dis-je. « Les Ballous ont bien fait du poo dans le réveil, dis-je, et ce nom ne sera jamais écrit dans le livre d'compte de la prison, si je peux l'empêcher. ' Donc, je te l'ai dit, Marm, je me suis fait enregistrer sous le nom de Peter Floome, je n'avais pas de relations proches, sauf que la famille de la mère et de la sœur Betsy s'était installée à Illi *Noise* , et nous ne l'avons pas fait. J'ai entendu parler d'eux une fois à l'âge d'un chien. Betsy était alors une jeune fille et avait un copain, elle était toujours pleine de caca, et je dis que cela ne veut pas dire qu'elle viendra. la prison d'État pour voir son *propre* frère ; mais il y a sa mère, dis-je, *elle* viendra régulièrement, je pense qu'elle a fait la même chose à la *prison* ; alors je lui ai écrit une lettre, et je lui ai dit comment j'allais, et à qui elle devait demander plus tard au cas où elle viendrait. Bénis sa chère vieille âme !

"Le vendredi suivant, elle était là sur place ! Après cela, comme l'horloge fonctionne, une fois tous les trois mois, beau temps, mauvais temps, il y avait maman !

"Les mères, voyez-vous, Marm, ne manquent jamais. Les épouses, les sœurs et les enfants, de temps en temps, se tiennent à la hauteur, mais les mères, sur la coque, sont à peu près les seules prisons régulières. Eh bien, ma mère a beaucoup à faire avec moi, et quand je la vois maigrir, je savais ce qui l'inquiétait, et je me dis qu'elle ne tiendra pas éternellement, et quand elle le sera. parti, que le Seigneur *m'aide* !'

"Eh bien," continua Peter d'une voix rauque, "elle est *partie* , ma mère l'a fait; mais (baissant sa voix dans un murmure confidentiel) les mères ont des mains de maître auxquelles s'accrocher, et 'ne vous y trompez pas! Et' bien sûr, vous êtes' en direct, si elle ne continuait pas leurs visites ! plaisantait aussi régulièrement que si rien n'était arrivé Chaque fois que le trimestre arrivait, un vendredi soir, quand l'horloge sonnait une heure, il se tenait là ! ma mère, grande comme la vie, au gratin de ma cellule. Elle n'a jamais ouvert la tête, mais, quand je la vois là, si souriante et si agréable, je me dis qu'elle a fini de s'inquiéter, de toute façon ; ;' et, bien que je ne sois jamais très doué pour prier, j'ai *remercié* Dieu pour *cela* . Je n'ai jamais parlé de ces visites, car à ce moment-là, les choses sont devenues embêtantes pour moi et pour les garçons. avait l'habitude de dire : « Peter est grincheux. » « Alors, dis-je, si je devais dire, euh, ils ne voudraient pas que personne m'en veuille. » Et je suis resté dans le noir, et l'année suivante, *ma* mère est venue régulièrement, et nous avions tout pour nous seuls, il' est venu pas régulièrement, comme maman le faisait, mais en dehors. Eh bien, les fantômes sont une mauvaise compagnie, Marm ; et au bout d'un moment, je me suis nettoyé, et je n'avais plus envie d'une vieille chaussure.

"Mais je suis plus gentil avec mon histoire. Après que ma mère soit morte, Betsy en a décongelé, elle est venue me voir deux fois, puis elle s'est mariée et est partie en Californie. Elle a écrit une ou deux lettres. à moi et je leur ai répondu ponctuellement, mais à ce moment-là, elle a arrêté d'écrire, et je savais qu'elle *m'énerverait* et puis je suis devenu plus insensible et insensible et je me suis demandé de le faire. moi-même, quelles sont les chances de toute façon, cela ne peut pas durer toute l'éternité ; et d'ici là, je sortirai de là, les pieds en premier, et j'espère que ce sera le dernier de moi. '"

"Mais Peter, mon pauvre garçon", intervient pieusement Miss Parker, "vous lisez parfois la Bible, j'en ai confiance, et vous y avez trouvé un certain réconfort ; vous n'auriez pas pu douter de la providence de Dieu, de toutes ses promesses bénies à l'âme pénitente et croyante ? "

"Eh bien, oui", répond Peter; "J'ai lu ma Bible *un peu* , tout à fait régulièrement, aussi, au début; et ma mère étant membre de l'église, j'ai été élevée pour m'appuyer sur la providence, en tant que telle; mais ces promesses que vous racontez sur les œuvres les meilleures En dehors des prisons, et pendant une longue période, lorsque je me suis énervé, je me suis mis à lire même la Bible, car cela ne servait à rien *;* Accrochez-vous à la Providence pour un sort, mais à ce moment-là, je vois *que cela* ne sert à rien, non plus. « Providence », dis-je, « ne me comptez pas » , et je peux aussi. eh bien, essayez de courir sur mon propre crochet.

"Eh bien, finalement, j'ai attrapé la fièvre roomatique et je suis allé à l'hôpital pendant un moment; et après avoir repris mes esprits, je n'étais pas assez fort pour retourner au magasin de chaussures et le médecin J'ai dit qu'un changement me remettrait sur pied. Pendant douze ans, j'avais travaillé là-bas sur le même banc, et un jour exactement comme l'autre, jusqu'à ce que j'aie eu l'impression d'être un couturier. chaussure éternelle, encore et encore, et d'avant en arrière, et aucun espoir mortel d'arriver à la fin dans ce monde ou dans l'autre et quand ils m'ont obligé à courir des mandats en prison. , et faire des corvées pour les gens du gardien, j'étais très heureux, je vous le dis ! Et les choses se sont mieux terminées après cela, avant que cette chère petite créature vienne en ville. Les enfants *ont l'air* étranges maintenant, n'est-ce pas, Marm ? Croiriez-vous que, avant que cette enfant puisse s'asseoir seule, elle *m'a regardé régulièrement* , j'étais *battu* , je vous le dis, et quand je les ai sentis ! deux petits bras autour de mon vieux cou, les choses se sont levées d'une manière ou d'une autre; et même si je ne suis pas allé à une réunion de prière et que je n'ai pas vraiment pris de religion, comme le font certains, j'ai pris un reg'lar accrochez-vous au Tout-Puissant ; « fourrure, dis-je, c'est tout à fait beau en lui d'envoyer un petit ange béni dans un endroit comme celui-ci. Elle était pour nous un ange ordinaire, grandissant là-haut, si innocent, si pur et si aimant ; et elle a fait à nos âmes bien plus de bien que tous les sermons du dimanche de l'aumônier ; et quand le patron a été tué et que vous l'avez emmenée, c'était comme s'il ne restait plus rien. Je suppose que j'ai pris pour moi un peu trop de mal, après avoir eu une ou deux mauvaises crises, le médecin m'a examiné et je l'ai entendu dire que j'avais un problème de cœur ; et je me dis : tu as raison, c'est *vrai* ! Le lendemain, alors que je nettoyais son bureau, le directeur m'a posé des questions sur mes parents ; et combien de temps j'étais resté en prison, et combien de temps je devais y rester, et alors je lui ai raconté, autant que je pouvais, l'histoire de la coque, sauf que je ne l'ai pas laissé entendre. à propos de ma mère, et de ces visites régulières. Il ne m'aurait pas blâmé, voyez-vous, et d'ailleurs, je n'ai jamais aimé parler beaucoup d' *elle* .

« Eh bien, c'était long dans le quartier du Fast Day ; et de temps en temps, les jours fériés, ma mère, comme vous le savez peut-être, le gouverneur fait une pinte pour gracier un prisonnier ; et » quand le directeur s'agite ces jours-là à la chapelle, avec un papier à la main, on sait ce qui s'en vient, et certains cœurs là-bas battent horriblement, je vous le dis, il y en a beaucoup, voyez-vous, qui ont des espoirs, qui ont ! les gens essayaient de les faire sortir dehors, ou étaient pris par la réunion de prière ou les inspecteurs ; mais je n'avais pas autant d'espoir le jour où le directeur a rizé, avec son pardon, et a commencé à faire un travail ; discours, je suis resté là aussi indifférent que jamais.

« Il y a vingt-deux ans, dit-il, un de vos hommes, en état d'ébriété, a commis un grand crime et a été condamné à perpétuité à cette prison. Pendant ces vingt-deux ans, dit-il, il n'a pas mis les pieds hors de ces murs, et pendant toute cette période, dit-il, il n'a pas été signalé une seule fois pour mauvaise conduite, dans ses moments de sobriété, il s'est excusé de son crime. dit-il, et maintenant c'est un vieil homme épuisé, et j'ai parlé en faveur de son pardon. Son nom, dit-il, est Peter Floome.

" Par Moïse, marm ! quand j'ai entendu *mon* nom appelé, si je n'étais pas battu ! Eh bien, je me suis levé pour aller en avant. Mes genoux tremblaient énormément, et la chapelle tournait comme soixante. Je je les ai entendus m'applaudir, et puis, eh bien, ce pardon était un peu trop pour moi ; et je me suis évanoui après un sort auquel ils m'ont mis dehors ; dans un manteau tout neuf, un weskitt et un trowsis, ils m'ont amené dans la salle des gardes. Eh bien, il y avait le directeur, l'aumônier, et l'adjoint, et plein de gens, et tous aussi souriants. comme un panier de chips. Beaucoup de gens me serraient la main et me souhaitaient de la joie. Un homme de grande taille, vêtu d'un long manteau noir et de lunettes vertes, se tenait à côté du directeur. Powf était content de me voir et m'a donné plein de bons conseils (hors Écritures, devrais-je dire), même si je ne l'ai pas vraiment senti, étant comme énervé après cela, j'ai eu la permission de dire bon-. je suis allé voir quelques-uns des garçons, puis le directeur qu'il m'a envoyé dans son bureau, et il y avait deux des inspecteurs, et l'aumônier, et l'agent de l'État, et le type au long cours. un manteau et des lunettes, aussi grandes que la vie.

"Eh bien, chacun d'eux m'a lancé un sort et m'a traité, sur la coque, devrais-je dire, très beau. Et le grand homme a donné quelques instructions supplémentaires sur mon comportement. Certains sur c'était, je l'ai compris, ses propres mots, et certains étaient de la Bible, et ça avait l'air très beau. L'agent de l'État m'a donné les quatre dollars par personne venant de l'État et il l'a dit ; "Quand tu auras décidé ce que tu vas faire, viens à mon bureau, Peter, et je ferai ce que je veux pour toi." Après qu'il m'a donné une carte avec la rue et le numéro de sa maison, je me suis encore serré la main, et je m'en vais, Seigneur, Marm, quand je sors de cette prison ! Je ne suis pas aussi impuissant qu'un bébé ! Et où aller, ou comment y aller, c'est plus que ce que *je* savais ! Je pense que je vais aller à Boston et m'installer dans une taverne là-bas, où les gens ne me connaissent pas, et je ne dirai rien de mon emprisonnement. Alors je continue, et. « Après avoir tourné le coin, je suis entré dans une autre rue et j'ai marché sur un morceau, quelqu'un s'est avancé derrière moi et m'a dit sur l'épaule : « Seigneur, je pense, qu'est-ce qui *arrive* maintenant ! mais je me suis retourné en plaisantant face à la musique ; et qui devrais-je voir sinon M. Holt, mon ancien instructeur dans le magasin de chaussures, et il a dit : « Peter, dit-il, je veux que tu partes longtemps ! « Oh, tu vas faire un mauvais coup avec cette plaisanterie maintenant, en faisant le tour des rues tout seul, tu viens chez moi », dit-il, j'étais *content* , je te le dis, marm, je suis resté. sa maison pendant trois semaines en tout, et pendant ce temps, c'était plus stable dans ma tête, et j'avais l'habitude de me balader en liberté.

"Eh bien, après être allé cinq fois à son bureau, j'ai fait venir l'agent de l'État un jour. Il me connaissait tout de suite, comme un livre; mais il était terriblement occupé et ne pouvait me parler qu'une minute. Je lui ai dit que j'avais un propre oncle et quelques premiers cousins à Illi *Noise* , et j'ai pensé que j'irais là-bas et resterais un moment, s'il avait envie de me faire subir. Je peux t'envoyer autant de fourrures que Buffalo, Peter, et une fois que tu seras là-bas, tu trouveras un travail et tu gagneras assez pour t'emmener chez tes parents. place pour vous, les condamnés, dit-il. Alors il m'a donné une contravention et m'a bousculé.

"Eh bien, je suis rentré chez M. Holt, et nous en avons discuté ce soir-là, et le lendemain, il est allé à Boston avec moi et a fait le ménage dans les profondeurs *pour* me mettre dans la bonne direction, et, Après l'avoir remercié mille fois, je suis parti pour Buffalo. Mais, Seigneur, comme ces keers se déplacent, c'est à couper le souffle, de ne rien dire à vos sens plus tard. nous nous arrêtons et je ne suis pas du tout désolé. Je vais me débarrasser d'un sort, dis-je, et je vais mieux me calmer la tête et me dégourdir les jambes pendant que le moteur se repose. ' Le chemin de fer n'était pas venu vers nous avant que je sois enfermé, alors j'étais plutôt maladroit autour des keers, et je descendais ces satanées hautes marches, je tournais ma cheville gauche, et je m'en allais ! en bas, les gens allaient et venaient, mais personne ne m'a touché, après un moment, je me suis levé et j'ai boitillé à l'intérieur du bâtiment profond , et j'ai plaisanté pendant que j'enlevais ma chaussure et mes bas. " pour voir les dégâts, ce plaggy keer-man a sifflé, et " avant que vous puissiez dire Jack Robinson, ces keers diaboliques sont partis, et " je suis parti dans le pétrin, avec un billet qui semblait " *bon pour ce voyage seulement* !' « Ô Seigneur, dis-je, que *dois-* je faire ! Première chose, dis-je, je vais compter mon argent ; alors j'ai sorti mon petit portefeuille, et il y avait les quatre dollars chez l'agent de l'État qui m'ont été versés, et dix dollars chez M. Holt qui m'ont été donnés le jour où j'ai joui.

"Eh bien, après y avoir réfléchi, j'ai enfilé mes chaussures et mes bas, et j'ai chanté à un gars qui avait l'air d'être en train de traîner pour un travail, et, dis-je, 'Monsieur, cette cheville est ici. horrible ; et je te serai reconnaissant, si tu m'emmènes à la taverne ; et moi, pendant que nous avançons, cela ne te dérangerait pas de t'arrêter au magasin de poterie pour me laisser faire. une bouteille d'Opedildock ?

"Eh bien, pour aller jusqu'au bout de ma longue histoire, cette cheville, marm, m'a immobilisé pendant une semaine entière; et, au moment où je suis revenu, mon argent était sur le point de disparaître. Mon billet était parti. Ce n'est pas un arthly valloo, putain. Alors j'ai démarré l'Illinois, j'ai payé les dégâts à la tarvern, j'ai acheté beaucoup de crackers et de fromage, et je me suis lancé dans mes voyages, complètement fauché, je suppose que ce n'était pas le cas. à plus de dix milles de Boston où je me suis cassé la cheville ; mais j'ai décidé de ne pas poser de questions, mais je lui ai dit : « Peter, il ne suffira pas de montrer votre ignorance, si vous ne le pouvez pas. des fuites à propos de la prison.

"Tout de suite, je pensais que j'allais chercher du travail, mais je *ne l'ai pas fait* , les gens à fourrure voudraient bien savoir d'où je viens, et si les garçons apprenaient que je suis un condamné, ils" Je crierais probablement après moi, et peut-être que je lancerais les chiens sur moi. Alors, je me suis mis à serrer la tête et à m'en sortir.

"Je voyageais environ deux jours quand ma bouffe est sortie, et, longtemps dans l'après-midi du troisième jour, j'arrive en vue de ce bâtiment ici. Je pense que je me dis, 'je peux' De toute façon, je ne traînerai pas beaucoup plus loin, et ça a l'air vraiment caca là-bas, dans ce terrain vert avec les renoncules yallar qui fleurissent tout autour, je pense que je ferais mieux de tomber sur ces barres, dis-je, et de jeter un sort. sous ce grand arbre à noix, dis-je, je ne vais pas me lever précipitamment (j'étais proprement battu), mais ce n'est pas grave, dis-je, il y a des gens tout près. d'ici, et quand mes ennuis seront terminés, ils me trouveront en train de poser le dessus des renoncules, et ils ne pourront pas faire moins que me mettre *sous* eux. Vous voyez, Marm, vivant derrière les barreaux, un type tremble à Providence, et je n'ai pas une seule fois soupçonné que Providence m'amenait au bon magasin et que je faisais une fourrure en ligne d'abeille pour le seul ; Creetur dans le monde de la coque ne me ferait pas froid dans le dos. Alors, quand je grimpe sur ces bars, je ne pouvais pas (en demandant pardon au Tout-Puissant) avoir renversé un centime pour ma misérable ancienne vie. allongé sous le noyer, je me sentais plus somnolent, alors j'ai fermé les yeux ; mais les oiseaux chantaient comme tous les possédés, et l'herbe sentait doux comme du beurre neuf, et je ne l'avais pas fait. J'ai vu beaucoup de tontes en vingt ans. Alors je me suis mis sur mon coude pour jeter un coup d'œil, et là, pas plus de dix tiges, j'ai planté ce béni petit ange en train de cueillir des renoncules. Elle avait grandi, Marm, mais je la connaissais, pour tout ça, dès que je la regardais. Ce n'est pas naturel, je *ne devrais pas* , quand il n'y en a pas une autre comme elle dans le monde de Dieu. Je la connaissais, et elle me connaissait, elle le savait, mais quand je me suis levé et que j'ai toussé plus doucement, elle a commencé à sursauter. Et puis je me dis : « O Seigneur ! elle va s'enfuir ! Aussi sûr que le monde, elle a peur de son pauvre vieux Peter, « qui la portait dans ses bras ! Mais elle n'a pas *couru* . Elle s'est retournée en plaisantant et m'a jeté un bon coup d'œil, puis elle a tapé dans ses deux mains, c'est ce qu'elle fait, et elle a dit : « Peter ! Pierre ! c'est *Pierre* ! elle court droit vers moi, les joues roses comme des roses, et met ses deux bras autour de mon misérable vieux cou. Et puis, Marm, je me suis effondré et j'ai pleuré comme un bébé. Mais je ne voulais pas lui faire mal au cœur, alors je me suis essuyé et je lui ai tout raconté sur le pardon et sur les gens du palais (c'est *notre* nom, marm, pour le moment). prison), et il m'a semblé qu'elle n'aurait jamais eu le temps de poser des questions sur l'un ou sur l'autre, car ayant été élevée en prison, elle s'est plutôt prise avec nous, même si nous vous semblons *pauvres* , Je pense. L'usage est tout, et peu importe à quel point les condamnés sont mauvais, ils sèment tous le monde à cause d' *elle* . Eh bien, après que nous ayons parlé un peu, et que je lui ai donné un morceau de pain d'épice, je me suis réveillé et je lui ai dit que je rentrerais à la maison avec elle ; « fourrure », dis-je, « je *ne peux pas* la quitter maintenant, de toute façon. Je suis affamé depuis trop longtemps pour la voir, dis-je. Me voilà donc, Marm, et tu connais le reste.

"Peut-être que tu connaîtrais un endroit par ici où je pourrais faire des corvées pour mes vittels, ou peut-être que tu me donnerais un travail toi-même, et ensuite je jetterais un œil à cette petite créature tous les jours , bien sûr. "Excusez-moi, Marm, si je suis trop libre ('Titania' s'était glissé près de Bottom et lui caressait tendrement la main) ; mais je l'ai tenue dans mes bras pendant un long moment, une seconde nature."

La longue histoire de Peter terminée, Miss Paulina lui assura gentiment qu'il ne devait pas encore être envoyé loin de sa jolie nourrice. Elle avait déjà déterminé où le confier pour la nuit. Dans le vieux jardin décousu se dressait une petite construction indescriptible, censée avoir servi, dans des temps reculés, de résidence d'été, et bien que maintenant appropriée à la garde des outils de jardinage, toujours étanche aux intempéries et facilement transformable en chambre à coucher. -endroit, pour un invité sans ambition. Avec cette dame énergique, vouloir, c'était faire. Et, avec l'aide du bras fort de Reuben et l'aide à demi réticente de Mandy Ann, qui avait consenti à quitter pour un temps les quatre murs abritant sa chambre mansardée, la remise à outils fut débarrassée et rendue propre. Un lit de camp léger fut apporté ici et dûment fourni pour l'occupation de Peter, et, avec son dernier regard dévorant la fleur de mai, il fut escorté par Ruben jusqu'à ses nouveaux quartiers. Là, une tasse de café chaud, une généreuse assiette de biscuits et un dernier verre propre l'attendaient. Et, installés dans ce logement relativement élégant, nous le laissons au sommeil profond et aux rêves heureux.

Le bantam animal de compagnie d'Harmy avait depuis longtemps chanté dans un nouveau jour, et Harmy elle-même était debout depuis deux heures entières, lorsque Peter Floome, frottant ses vieux yeux, s'éveilla d'un sommeil serein. Essayant de se lever, et avec un pied déjà planté au sol, il prend douloureusement conscience de son incapacité à le faire. Une petite table ronde, le canapé du pavillon d'été et les chaises chancellent sur leur place, ivres. La fenêtre aux carreaux de diamant vacille sous ses yeux, les murs mêmes de l'appartement semblent...

"L'ancienne maison d'Usher,
chancelante jusqu'à sa chute,"

et, captant l'impulsion générale, lui aussi lâche son centre de gravité et tombe évanoui sur le lit. Une demi-heure plus tard, Peter se réveille à la vie consciente et à une odeur irrésistible de camphre. Harmy Patterson, non sans preuve d'une forte répulsion, se penche désespérément sur lui. Son expression, pour l'essentiel, est celle d'une détermination solennelle. Elle est en train de "l'amener à". Ceci accompli, elle fait signe avec raideur à Reuben (qui se tient « regardant au loin ») et, signifiant son désir de se laver les mains de ce patient peu recommandable, confie Peter à ses soins et se retire sombrement.

Mlle Paulina est interrogée à la hâte et informée du « sort d'évanouissement » du condamné et de son « retour à la vie » ultérieur. Et Harmy, sur-le-champ, exprime sa ferme conviction que « c'est du ketchin, et qu'elle ne devrait pas du tout se demander si la famille Hull a été détruite avec ça », et, suggérant furtivement « l'hospice », elle se retire vers le moment le plus important. préoccupations de sa cuisine. Là, elle envoie des frissons dans le dos de Mandy Ann, en racontant l'événement tardif. « Je n'ai pas dormi de toute cette nuit bénie, déclare-t-elle, en pensant à cet horrible forçat, sans savoir ce qui pourrait arriver, avec de telles créatures dans les parages. Je suis descendu et je suis allé dans le jardin pour me calmer, et j'ai pris quelques cerises rougeâtres pour le petit-déjeuner. Je suis descendu une minute au pavillon pour bien regarder les alentours, et la porte était grande ouverte ! "

Sentant (comme elle l'affirma) dans ses os que la créature aurait pu partir pendant la nuit avec la taie d'oreiller et les serviettes dans la poche de son pantalon, elle dut (pour s'en assurer doublement) franchir le seuil, avec elles. des rougeurs cerise dans son tablier, et son cœur bat comme un battant de moulin. Et, levant ses deux mains, elle avait lâché son tablier, et ces rougeâtres étaient allés rouler dans tous les sens, tandis qu'elle poussait un tel cri que Ruben l'entendit, très loin dans la basse-cour, et sauta presque partout. hors de sa peau. L'homme de main arrivé sur les lieux, elle avait dit : « Ruben, il est parti ? et, perdant le col de sa chemise, Reuben avait répondu : « Parti ? ef ennybody parent." Comment son feu de camp, assez fort pour supporter un œuf, avait enfin ramené le misérable créature, pour leur donner à tous une terrible maladie qu'il avait attrapée, etc., etc.

L'attention fascinée de Mandy Ann et ses vives alternances d'horreur et de surprise au cours du récit ci-dessus, cette faible plume ne peut peut-être pas la décrire. Miss Paulina, quant à elle, visitant la maison d'été, ne détecte aucun signe de fièvre dans le système de Peter et est convaincue que la maladie du pauvre corps n'est pas, comme le pense Harmy, un «ketchin». Veillant gentiment à son confort, elle relève la montre de Reuben et l'envoie immédiatement chez le docteur Foster, qui en temps voulu examine l'étrange patient et déclare sa maladie soudaine une crise de maladie cardiaque. « Vingt-deux ans de labeur sans espoir, déclare le bon docteur, des communs courts et un air vicié ont endommagé la pauvre machine humaine de manière irréparable ; et, même si elle peut fonctionner encore un peu, ne soyez pas surpris si elle s'arrête. n'importe quel jour et sans préavis. Le médecin part pour sa tournée du matin ; Miss Paulina donne à May-blossom son petit-déjeuner tardif et, avec de nombreuses remontrances prudentes, lui permet d'aller chez Peter, qui maintenant – assez rétabli – « reçoit » dans une vieille chaise à bascule de Boston, recherchée pour son usage spécial ; et dans lequel, assis tout droit, il se berce avec un plaisir indescriptible, assurant à May-blossom que "c'est le véritable rejeton du propre bercement de sa mère, et lui donne l'impression qu'il était juste dans le vieux coin tranquille, pour hum."

Pendant que Peter berce et discute avec son petit visiteur, la bonne dame de la maison, tournant dans son esprit ses affaires, monologue ainsi : « Pauvre créature, comme dit le docteur Foster, il ne dérangera personne longtemps. Il aime mon précieux enfant. Pourquoi devrais-je séparer les deux ? — tous deux, hélas ! empruntant le même triste chemin. Le pavillon d'été pourrait facilement être rendu habitable là, tout seul, du moins jusqu'à ce que le froid s'installe. je peux très bien lui épargner son entretien grâce à mon abondance. Les voisins, bien sûr, s'y opposeront ; et voilà Harmy à réconcilier ; mais qu'adviendra-t-il de la créature abandonnée et sans abri, si je lui tourne le dos ? avec un signe de tête résolu et en réfléchissant à haute voix) ! Ma décision est prise. Il a raison, on en est sûr et la Providence s'occupe du reste.

Conformément à cette résolution, Peter Floome, le jour même, se rend au ménage. Un poêle à laver lilliputien, doté d'un conduit de fumée improvisé, est installé dans la maison d'été par le ferblantier. Une vieille armoire, *en vis-à-vis* du poêle, est récurée et bien garnie de provisions et d'ustensiles de cuisine, et une quantité suffisante de table et d'autres meubles simples est mise à sa disposition ; et Pierre gémit littéralement sous « un embarras de richesse ». Une boîte de charbon lui est également réservée et, lorsqu'il reçoit la permission de couper lui-même un nombre illimité de petits bois provenant du tas de bois grouillant de Miss Paulina, des larmes de joie reconnaissante coulent sur les vieilles joues usées de Peter Floome. Du fond luxueux de son fauteuil à bascule de Boston, il observe avec hébétude ces magnifiques préparatifs pour son ménage, déclarant sans cesse à May-blossom (qui est dans un état de ravissement égal) que « cela bat les Hollandais, et il n'a jamais , et c'est comme être emmené par l'une de ces fées marraines dans le livre d'histoires ! » Mais lorsqu'il est effectivement *mesuré* par le tailleur de Saganock, il est ensuite vêtu d'un pantalon, coupé en référence particulière à ses propres jambes maladroites, et d'un manteau qui, bien que grossier et simple, n'a pas été confectionné sans une légère référence aux dimensions. de son porteur ; une cravate toute neuve et un chapeau de paille décent, sans parler d'une chemise aux imprimés propres (de cette dernière, il y a une magnifique réserve de cinq autres, également neuves et propres), son admiration et son émerveillement, et la fierté de May-blossom pour lui, sont absolument indescriptibles. Même Harmy elle-même, adoucie par cette métamorphose de la fée marraine, devient vaguement amicale, reconnaissant à peine dans ce vieux corps décent l'être répréhensible de sa suspicion et de son aversion parfois. Après une semaine entière, elle fait remarquer sombrement à Reuben qu "'elle n'a encore rien manqué, même si, bien sûr, c'est horrible d'avoir de telles créatures dans les parages".

Peter Floome, bien qu'il prenne une bouteille entière des gouttes du docteur Foster, ne se remet jamais vraiment de cette première crise grave de sa maladie mortelle. La fleur de mai est également plus malade. L'arrivée de Peter à la ferme, avec l'excitation qui en découle, a été trop pour le petit corps délicat. Déjà ces faux signes de convalescence, si réjouissants pour le cœur de Miss Paulina, ont disparu. Avant que ne disparaissent les roses d'été, il est clair pour tous que, d'ici peu, la mort s'appropriera ce bouton qui « ne deviendra jamais une rose ».

Miss Paulina entend les pins du cimetière gémir d'un ton las et monotone, tandis que, glissant sereinement sous le ciel saphir de juin, la rivière répète le lugubre chant. Hélas, et hélas, que toujours la vie, la mort et le véritable amour cohabitent côte à côte dans ce beau monde ! Le vieux Peter fidèle, ne se lassant jamais dans son travail d'amour, porte ici et là, dans des bras prudents, la jeune forme décharnée, maintenant trop faible pour supporter son propre poids léger. Les jours agréables, il le transporte tendrement du canapé au jardin. Car c'est toujours le plaisir de May-blossom de se balancer rêveusement dans un hamac bas, suspendu aux grosses branches de deux ormes gigantesques, pensant parfois en elle-même, confiant plus souvent ses rêves innocents à Peter ou à Miss Paulina. Souvent, sa pensée revient à la vieille prison grise. Les souvenirs affectueux de sa vie d'enfant et les tendres réminiscences de vieux amis minables dans cette morne demeure sont toujours avec elle. Pour cette jeune créature joyeuse, pas encore rassasiée de son doux vin nouveau, l'existence est encore infiniment chère ; et, bien que la mort vienne, elle ne se précipite pas à sa rencontre, mais, tournant son visage vers la vie, vit (comme dans la miséricorde de Dieu il arrive à beaucoup de mourants de vivre) dans le doux et bref aujourd'hui. Et c'est bien ainsi, car le cercueil et le tombeau, même pour la « vie perdue », ne sont pas des choses à méditer.

Pendant que Peter Floome, armé et équipé d'une brosse à attelles de sa maladroite fabrication, préside, tel un dragon, les siestes en plein air de sa princesse enchantée, l'été vieillit, et il nous incombe de veiller sur l'ex. -le ménage du condamné. Harmy Patterson nous a certainement anticipés et, à la suite de ses observations, a déclaré depuis longtemps que "c'est horrible de voir cet homme déconner et renverser de la graisse sur le sol de la maison d'été!" Et, en effet, même à un œil impartial, il est douloureusement évident que la nature, en façonnant Peter Floome, n'avait pas dans son "esprit" une cuisinière, ni une femme au foyer, ni même un marmiton. Bien que personne ne puisse être plus volontairement utile, il est si maladroit au toucher dans tous les travaux d'intérieur, à l'exception de la douce tendance de la fleur de mai, qu'on est à moitié enclin à la supposition fantastique que cette aptitude exceptionnelle peut être le résultat de quelque expérience préexistante de Peter comme nourrice de l'enfant.

La douce inoffensive de Peter, sa déférence toujours respectueuse envers les souhaits et le jugement de Harmy et, par-dessus tout, sa dévotion idolâtre envers « cet agneau béni, la fleur de mai », tentent enfin de surmonter même les préjugés sociaux de Harmy. Un matin, alors que le pauvre homme est malade et qu'il a été, pendant un jour ou deux, "négligé, sale et sale", contrairement à son habitude, la bonne femme est rencontrée par Miss Parker alors qu'elle se rendait à la résidence d'été, portant un plateau de petit-déjeuner, digne de servir un roi. Colorant, comme s'il était détecté dans un acte désobligeant déguisé, Harmy observe en s'excusant que, "quand les gens sont malades, vous ne pouvez pas rester les bras croisés et les voir souffrir, quoi qu'ils *disent*, des œufs perdus, des muffins, un". " Broma ne leur fera pas de mal. Quant aux hommes, " affirme-t-elle, " ils ne *seront jamais* capables de cuisiner et de faire ce qu'ils veulent eux-mêmes, et peut-être, après tout, ce serait une économie. à la famille si elle devait s'occuper de ses vittels tout de suite.

A ces sentiments frugaux et humains, sa maîtresse s'empresse d'adhérer ; et, désormais, Harmy « *veille* à ses vittels » ; améliorant ainsi considérablement l'état sanitaire du pauvre Pierre, dont les « désordres », quelles que soient leurs autres excellences, ne sont *pas* anti-dyspeptiques. Peter, comme la plupart des gens de son sexe, particulièrement ouvert aux séductions de la cuisine, est profondément impressionné par la valeur domestique de son traiteur et, dans un entretien confidentiel avec Reuben, observe avec admiration que « la cuisine de Miss Patterson bat effectivement celle des Hollandais ; "Pour avoir parcouru un sol, il ne l'a jamais vue ok; et si elle s'était mariée dans sa jeunesse, quelle femme elle aurait faite!"

Après avoir ainsi remis la cuisine de Peter en ordre, Harmy se suggère la possibilité de corriger une certaine irrégularité dans sa conduite, "ce qui (comme elle l'exprime) a été pour elle un véritable sortilège".

Comme il s'agit d'une réforme à ne pas entreprendre à la légère ou seule, elle décide de faire alliance avec Ruben ; et à cet effet, un soir de clair de lune, alors qu'ils sont tous deux tout à fait seuls, elle prend le salarié dans ses confidences. "Car", dit la bonne femme, "je te le dis maintenant, étant assez vieille pour être ta mère, donc il n'y a pas de mal entre nous, Ruben. Je te le fais, si ce n'est pas le cas." Cela semble scandaleux qu'un homme s'habille, et se couche avec la porte grande ouverte, et qu'une femme honnête le surveille depuis le mirador de sa chambre. Bien sûr, je ne tourne jamais les yeux vers lui, mais je ? Je ne peux m'empêcher de le sentir, et c'est vrai, tu es vivant, Reuben, s'il ne dort pas là la nuit suivante, avec sa porte tendue, juste devant mon visage !"

"Peut-être qu'il veut de l'air", plaide Reuben, en guise d'excuse.

"Alors pourquoi diable," répond Harmy, "n'ouvre-t-il pas son remontoir ! Maintenant, Reuben, pour me faire plaisir, va ce soir même et ferme cette porte. Si les gens ne savent pas ce que sont les bonnes manières, c'est mieux. pour leur donner un indice, dis-*je*, et, dix contre une, il n'en sera pas plus sage avant demain, mais, à ma connaissance, il est couché depuis une heure à l'horloge de la cuisine.

Ainsi supplié de toute urgence et disposé à obliger, Reuben descend avec précaution l'allée du jardin et, rassuré par les gros ronflements intérieurs, ferme doucement la porte du pavillon. Il s'apprête à revenir sur ses pas quand, rebondissant sur le sol, arrive Peter Floome ! La porte s'ouvre avec fracas, et une voix, si énergiquement féroce que Ruben tourne les talons pour s'assurer que l'orateur est bien Peter, s'exclame avec colère : « Non, ce n'est *pas* le cas, maintenant ! comme un chien dans un chenil la nuit après vingt-deux ans, disons ? Et à quoi ça sert de pardonner à un homme, si vous ne pouvez pas lui donner l'ouverture de la porte de sa propre chambre ? ?"

Reuben, qui aime un peu l'humour, détaille le lendemain à sa maîtresse cette tentative infructueuse d'Harmy pour contraindre Peter au respect des convenances. Miss Paulina, bienveillante et sage, se décide en faveur de la porte ouverte, et dès lors Pierre, comme « celui qui a la clé de David, ouvre et personne ne ferme ». La satisfaction intense de cette créature usée dans sa cellule devant sa porte ouverte est, en effet, une chose à contempler et, touchée, sans aucun doute, par le pathétique simple de la silhouette courbée et immobile, assise (souvent très tard dans la nuit) dans son salon bas. porte, baignée dans la tendre beauté du clair de lune d'été, ou projetée brusquement sur l'obscurité en silhouette momentanée, par de sinistres éclairs d'été, Harmy elle-même est enfin modifiée et tolère tacitement la violation audacieuse du décorum de Peter.

À cause d'une longue absence de pouvoir de parole, Peter Floome est devenu habituellement taciturne. Ses accès prolongés de silence presque obstiné sont cependant soulagés par des crises de bavardage tout aussi anormales. Dans ces humeurs, il tient un long entretien confidentiel avec Reuben. Un soir d'été, assis sur le seuil de sa modeste porte, il racontera pour se divertir les ragots de la prison ou les incidents de la vie carcérale qui ont conservé leur emprise sur sa mémoire défaillante. Souvent, dans ces occasions, un soupçon de cynisme ancien donne du piquant à son discours, mais, d'ordinaire, il est aimablement d'accord avec le destin et en paix avec lui-même et avec son prochain. Le voici ce soir, déjà avec sa casquette parlante. Harmy et Mandy Ann sont assis sur les marches de la résidence d'été ; Ruben, fatigué par une longue journée de fenaison, est paresseusement allongé sur l'herbe ; Peter, quant à lui, a gracieusement l'intention de servir aux trois ses friandises de prison les plus savoureuses. Harmy, étant rhumatismale, n'honore pas souvent ces assemblées extérieures de son auguste présence ; "Mais ce soir", comme elle l'explique elle-même, "ayant envie d'une bouffée d'air frais, elle s'est promenée dans le jardin et a pensé qu'elle ferait aussi bien de s'asseoir avec eux et de reposer un sort." L'audience de Peter assurée, il ouvre son budget de réminiscences de prison et répète un long drame déchirant, au cours duquel Harmy sort son mouchoir et se plaint d'un rhume à la tête, tandis que Mandy Ann sanglote carrément et que Reuben lui-même est détecté dans un reniflement audible.

" Ce n'est pas une histoire animée, je vais vous dire ", s'excuse le narrateur, " et, peut-être, je n'aurais pas dû vous le dire, les amis. Eh bien, nous devons tous le faire. partez quand notre heure viendra ; et la mort n'est pas la pire chose au monde, non, pas une cruche pleine ! Et chaque fois que le Tout-Puissant nous appellera, j'espère que nous ferons tous face à la musique et partirons. avec des couleurs éclatantes. "

Harmy, qui considère les comparaisons de Pierre comme étant répréhensiblement laïques, suggère ici, comme leçon appropriée, la parabole des dix vierges, et conseille à Reuben et Mandy Ann de « visiter l'église, et de faire tailler leurs lampes et de les brûler lorsque l'époux arrive ». ".

Pierre, ignorant la parabole, observe irrévérencieusement que « tous les Ballous avaient été généreusement enterrés » ; et, quand son tour vient, tout ce qu'il demande, c'est d'avoir une pierre tombale en marbre, avec des vers gravés dessus, comme le reste de ses parents. Quant à ce qui arrive après la mort (il l'affirme philosophiquement), « cela ne sert à rien de s'inquiéter de cela ; mince, dans *ce* monde, et ensuite revenir sur eux dans *l'autre* .

Ruben, qui n'est pas réfléchi, bâille ici de manière audible et, exprimant son intention de « se coucher », leur souhaite une bonne nuit somnolente. Les « gens de Wimmin » suivent son exemple et Peter se retrouve seul devant sa porte éclairée par la lune.

"Il n'y a jamais eu", comme Harmy l'affirme à plusieurs reprises à Mandy Ann, qui est sur le point de prendre sa retraite, "une nuit pareille ; assez légère pour ramasser une épingle près de la lune, et trop agréable pour un mortel pour penser à dormir !"

Préparant tranquillement son éponge pour la cuisson du lendemain, rassemblant son argenterie, verrouillant les portes et s'occupant des fermetures des fenêtres, la bonne femme se retire à contrecœur dans sa chambre.

N'ayant aucune disposition à dormir, Harmy, à moitié déshabillé, est assis face au jardin éclairé par la lune. Son esprit est mal à l'aise. "Nous vivons dans un monde en train de mourir", monologue-t-elle tristement. "Voici notre fleur de mai, maintenant, pauvre agneau béni ! une croissance qui s'affaiblit chaque jour de plus en plus, si bien qu'il est raisonnable de penser qu'elle ne peut durer qu'un moment de plus ; et Miss Paulina qui s'est liée à l'enfant, c'est ainsi *qu'elle* va " Pour supporter la séparation, le Seigneur seul le sait ! Et il y a Peter, qui se promène avec ce satané cœur qui démarre, susceptible d'arrêter de battre, sans un préavis, chaque jour.

"Bien sûr, maintenant", réfléchit-elle rétrospectivement, "c'était *une* croix au printemps dernier de voir un condamné amené directement dans la famille; et de voir cet enfant s'accrocher à lui, et se serrer dans ses bras et" je l'ai embrassé sur lui, c'est pareil s'il était sa propre chair et son propre sang ; mais là (judiciairement et avec insistance), je *dirai cela* pour lui, bien qu'il soit sans fin musclé et négligent dans les tâches ménagères, et qu'il ait des idées scandaleuses sur sa chambre . porte, il n'y a pas vraiment de mal chez Peter Floome ; et c'est beaucoup de compagnie de le voir passer des nuits là-bas, à la porte de cette maison d'été. Eh bien, *il est* parti et s'est rendu, je vois ; et il est temps que je suive ce costume, je suppose.

Le vent nocturne se lève. Il hurle en rythme à travers le grand pin, à côté de la porte ouest, et envoie une tempête de neige miniature composée de pétales de seringa sur les allées du jardin.

Il extrait les odeurs épicées des anciennes touffes de clou de girofle rose. De grands lis d'été, hochant la tête somnolemment sur leurs tiges, respirent comme de l'encens l'air rosé. Les oiseaux couvants gazouillent endormis parmi les branches vertes du tilleul ; et, au-dessus de tout cela, se trouve, comme la bénédiction de Dieu, le merveilleux mirage du clair de lune encore blanc.

"Eh bien", déclare Harmy, exprimant sa pensée, alors qu'elle attache les cordons de son bonnet de nuit et jette un dernier coup d'œil au jardin ; « Je dois dire que le Seigneur a placé ses créatures dans un monde magnifique ; et ne vous y trompez pas ! Je suppose maintenant, » ajoute-t-elle d'un air componcieux, « que je suis terriblement méchante de le *dire* , mais, d'une manière ou d'une autre, Je n'arrive pas à croire que les choses sont réglées comme elles devraient l'être. À *mon* avis, ce serait plutôt une pinte de s'en prendre à nous, les Methusaleh. il faut vivre dans un *monde en train de mourir* , aussi *sale* soit-il.

Encore lourde de pressentiments anxieux, Harmy éteint sa bougie et, bientôt, « s'endormant », oublie dans son sommeil l'arrangement insatisfaisant des affaires mondaines.

Au petit matin, elle est réveillée par la sonnerie de la cloche de la chambre de Miss Paulina ; et, avant qu'elle ait enfilé sa robe, Mandy Ann vient la convoquer au chevet de May-blossom. L'enfant coule rapidement. Le docteur Foster est déjà là ; mais l'aide humaine ne sert à rien. Une forte quinte de toux a été suivie d'une cruelle hémorragie, qui a déjà vidé ses fines veines bleues. Épuisée et inconsciente, elle attend à la frontière entre la vie et la mort ; et là, tordant la main tremblante de Miss Parker et déposant un dernier baiser sur le front de l'enfant mourante, le bon docteur la laisse à Celui entre les mains duquel sont les questions de vie et de mort.

Toute la journée, avec de grands yeux aveugles « regardant », comme l'exprime étrangement Harmy, « directement vers le ciel », May-blossom reste insensée sur son lit blanc.

Aucun « dernier mot » inestimable ne brise le silence de ses douces lèvres pliées. Il n'y a plus rien à quoi s'accrocher, pas même la triste attente d'un sourire mourant ; et ainsi la lente journée se prolonge jusqu'à la nuit.

Miss Paulina, le cœur brisé, plane sur la chère forme inconsciente ; et, dans ce coin (« comment diable Miss Paulina est-elle parvenue à donner son consentement à ce qu'il reste ici dès le matin, sans une gorgée de victuailles et de boisson, et pas même un mot d'avertissement pendant ses meilleurs amis », Harmy Patterson ne peut pas donner son avis ; « mais là-bas, les gens *font* parfois des choses curieuses ; et voir un homme assis ainsi, heure après heure, tout plié, et les larmes coulant sur sa chemise. -front, *c'est* turrible d'essayer !") est assis Peter Floome. À minuit, Harmy persuade Miss Parker de « baisser une minute ; vous serez tous battus avant les fun'als », insiste-t-elle. "Maintenant, écoutez- *moi* ! Je suis l'aînée, Miss Pauly, et il a vu beaucoup de maladies et de morts dans ma journée." Ainsi persuadée, la pauvre dame épuisée cherche sa chambre et se retrouve bientôt dans un sommeil troublé mais lourd. Harmy, dans une « robe ample » fleurie, d'une couleur et d'un dessin merveilleux, regarde le lit de mort de May-blossom. Peter Floome, silencieux, immobile, la tête grise baissée, tient toujours sa place, rejetant toutes les avances de son consolateur, qui se dit avec irritation : « Pour l'amour de la terre, je préférerais être tout seul !

Comme la nuit est calme ! Une mère rouge-gorge, couvant ses petits dans le grand tilleul, près de la fenêtre ouverte, gazouille somnolente, de temps en temps. Un insecte de juin persistant, rebondissant maladroitement contre les murs et le plafond, s'oppose de manière dévergondée au silence solennel. Sur le bureau se trouve le vase préféré de Fleur-de-Mai : une main parienne. Il contient encore un bouquet fané de délices de dame, placé là, mais hier, par sa douce main. La longue nuit de juillet continue. Harmy, à intervalles réguliers, s'approche doucement du chevet et, se penchant tendrement sur sa charge, écoute un moment la respiration laborieuse de l'enfant, puis, avec un regard furtif de côté, sur le guetteur silencieux, dont la présence, à *elle*, esprit, mais qui ne s'accorde pas avec l'occasion, revient à se bercer doucement et à gémir dans sa barbe : "Cher, cher, cher moi ! Je suppose que c'est la volonté du Seigneur ; mais, quand je regarde ce précieux enfant , je ne peux pas, en aucun cas, m'empêcher de prier directement à ce sujet ! Peut-être que je pourrais aussi bien lire quelques chapitres (prendre une lourde Bible sur un support près de la cheminée est un merveilleux réconfort en ces temps de crise) ; affliction."

Et maintenant, Harmy Patterson, une bonne vieille chrétienne qui ne doute jamais que Dieu lui-même a littéralement écrit chaque mot entre les couvertures de son « édition King James », est puissamment édifiée et rassurée par une lecture pieuse du Livre des Lamentations ! Harmy aime les longs chapitres, et il y en a beaucoup ; et, après avoir épuisé les Lamentations, elle lit encore et encore, jusqu'à ce que (si on la mettait au banc, on ne pourrait pas lui faire *avouer*) elle s'endorme profondément.

Écoutez ! Est-ce le rouge-gorge qui gazouille dans le tilleul ? Ah non! un bruit plus triste et plus désespéré trouble son repos. C'est le râle d'agonie ! Encore un moment, et elle se précipite vers l'enfant. Peter Floome l'a déjà anticipée ; et, agenouillé près du lit, il serre dans sa paume rugueuse et brune la main fine et blanche de son précieux nourrisson. Un spasme cruel convulse le corps tendre. Les petits bras sont levés à l'agonie ! Un instant; et c'est passé, Dieu merci ! la dernière douleur mortelle ! Et maintenant, le doux visage de marbre de Carrare est éclairé par une aube qui n'est pas terrestre. Un sourire d'extase adoucit les lèvres mourantes ; et, tandis que ses yeux gris conscients regardent avec tendresse la tête baissée familière à côté d'elle, elle murmure avec une surprise ravie : "Eh bien, Peter ! Peter ! C'est le matin !" Un léger halètement, un seul battement de souffle défaillant, et tout est fini. Harmy Patterson, pliant ses vieux genoux raides, saisit la main de Peter Floome, et les deux pleurent silencieusement ensemble. Le regard adorateur de Peter est toujours fixé sur le cher visage mort, et, avec sa main droite toujours serrant celle de May-blossom, il presse dans sa gauche celle d'Harmy, et gémit d'un cœur brisé : « Oh, Miss Patterson, Miss Patterson ! il ne reste *plus rien* !"

« C'est la volonté du Seigneur, Pierre », exhorte pieusement Harmy ; " et nous devons tous nous y incliner et le supporter. Mais, ô terre, (se levant brusquement) ! comment diable dois-je l'annoncer à Miss Paulina (et elle n'est pas là) à la dernière minute) c'est plus que *je* n'en sais ; mais je dois le *faire* , et tout de suite *aussi* . Et, laissant son compagnon de deuil toujours à genoux, elle se dépêche de quitter la pièce pour faire sa déplaisante course. Harmy, malgré ses meilleures intentions, tarde un peu. "C'est dommage", se dit-elle, "de la réveiller sur son problème, et elle est si saine et si silencieuse. J'ai envie de la laisser reposer une minute de plus." Et c'est ce qu'elle *fait*, mais bientôt les deux femmes se retrouvent à côté de la chère forme morte. Miss Paulina, fidèle à elle-même, garde en suspens le chagrin de son cœur douloureux, tandis qu'elle cherche gentiment à réconforter la pauvre créature courbée toujours accrochée à son nourrisson bien-aimé. Serrant tendrement sa main dégagée, elle s'efforce avec une douce force de le tirer hors de la pièce. La main est nerveuse et froide. La forme entière semble étrangement molle et apathique ! La vérité lui apparaît enfin : "Peter Floome est mort !" Oui, son esprit affectueux et fidèle, suivant de près le vol de cela...

"Petite âme juste qui ne connaissait pas le péché"

était sorti doucement et sans douleur de la vie mortelle ; et qui dira que, dans la « maison aux nombreuses demeures », le condamné, « délivré du corps de son péché », ne peut pas habiter côte à côte avec l'innocent enfant de prison ?

Des hommes aux mains rudes viennent, à pas lourds, porter le mort hors de la chambre, mais c'est Miss Paulina elle-même qui dégage tendrement les mains entrelacées, puis, se penchant avec révérence vers la tête grise inclinée, elle pose la sienne dans il bénit silencieusement et transpose sans voix les paroles gracieuses qui, il y a des siècles, tombèrent des lèvres bénies de l'homme divin : « Ses péchés, bien que nombreux, sont pardonnés, car il *a beaucoup aimé* ».

Et maintenant, déjà la rose rouge de l'aube fleurit dans le ciel d'été, et, comme des fantômes attardés, qui n'attendent peut-être pas l'arrivée du soleil, nous nous éloignons sans bruit de la chambre de la mort.

Année après année, la pervenche aux yeux bleus fleurit sur une tombe basse et courte dans cette « Cité du Silencieux », le cimetière de Saganock. Sa pierre tombale est un fût en marbre de Carrare. Un lys sculpté, brisé sur sa tige, emblème de la promesse non tenue d'une vie, se penche sur cette simple inscription :

"Elle s'appelait Mabel."

Dans le vieux cimetière, sous les pins, se trouve une autre tombe et, avant que le gazon n'y ait verdi, Miss Paulina a pris le soin pieux de lui commander une modeste pierre tombale et, se souvenant du souhait sincère du cœur de Peter, elle a fait « *des vers passez à cela* . »

Détournant résolument son visage de son triste monde de tombes, Miss Paulina continue de vivre de manière altruiste, dans d'autres vies. De doux actes de bienfaisance et d'amour fleurissent abondamment le long de son chemin de vie gracieux, comme les roses fleurissent sur leurs tiges, et ne rêvez jamais que grâce à elles le monde devient plus doux.

Harmy, à soixante-dix ans, se considère toujours à la hauteur de toutes les exigences domestiques. Ruben, « prenant garde à ses voies », a prêté attention à ses sages remontrances. Il a « porté atteinte à l'Église ». Mandy Ann et lui ne font plus qu'un. Ce mariage ne fait guère de vagues dans leur vie tranquille, toujours consacrée au service de la Maison Parker.

Timothy Tucker ne garde plus les portes en fer de la salle des gardes de la prison. Peu de temps après le départ soudain de Warden Flint et la suppression conséquente de la fleur de mai de son existence peu agréable, il a émigré en Californie. Il est devenu, sous le soleil de San Francisco, l'heureux propriétaire d'un magasin d'oiseaux florissant. Comme cela est dûment indiqué sur son enseigne bleu et or, « des oiseaux, des cages et des graines, avec des bouquets et des fleurs coupées de toutes sortes », peuvent être obtenus dans cet établissement commercial. La cliente préférée de l'ex-clé en main est une petite bonne, de dix doux étés californiens. Ses yeux sont comme le saphir d'un ciel de midi. Ses cheveux sont le soleil tressé de son propre climat doré.

Personne (pas même la charmante petite acheteuse elle-même) ne devine pourquoi le marchand d'oiseaux et de fleurs donne invariablement à cette belle créature deux fois son argent en violettes, roses ou roses, ni pourquoi, l'hiver dernier, il s'est entraîné, au maximum de leurs jolis possibilités, deux canaris jaunes comme "cadeau de Noël pour sa foire". Mais un jour, alors que cette petite fille, portant à la main un somptueux bouquet de violettes de Parme, se tournait en souriant vers sa porte, les perroquets qui l'écoutaient l'entendirent ainsi monologuer pensivement : « Des yeux bleus, mais j'ai de tels cheveux et *sa* démarche, à un T ! Une merveilleuse petite créature qui prend ton air, bien sûr, mais (secouant tristement sa tête grisonnante), tu n'es pas *elle* . Non, non, non, de loin !

ÉCHAPPÉ.

Dans cette cellule d'angle spacieuse, qui se réjouit d'une fenêtre vitrée et est bien plus gaie que le compartiment d'hôpital ordinaire, un homme pâle et sérieux, au visage sensible et aux cheveux gris fer, est assis en train d'écrire

En regardant par-dessus son épaule, on s'apercevrait que (aussi absurde que cela puisse paraître) il inscrit des inscriptions dans un journal de bord nautique ordinaire. C'est sa pratique quotidienne depuis de nombreuses années ; car ce forçat, dont la forme courbée et la mine sobre ne conservent aucune trace du « joyeux goudron » parfois, est un marin-né.

Son nom de prison est Robert Henderson. C'est la vieille, vieille histoire : une bataille sauvage dans le port ; une querelle ivre avec un camarade de bord ivre ; une agression imprudente ; un meurtre involontaire et une peine à perpétuité dans la prison d'État. Bien qu'il soit hospitalisé pour traitement, Henderson est toujours debout et tout à fait compétent pour entreprendre les soins des pêcheurs les plus faibles qui sont, de temps en temps, consignés dans l'autre lit de camp de sa cellule.

Dix-huit années lentes derrière les barreaux ont apporté leur train fatigué de repentirs salutaires et de regrets inutiles ; et, sous leur pression, il s'effondre peu à peu. Il fut un temps où tout son être était dominé par un désir agité et nostalgique de la mer - une forme de cette nostalgie, reconnue en médecine comme une véritable maladie, le désir passionné du marin sans littoral pour sa maison large et agitée - le mer.

Bien avant son arrivée à l'hôpital, j'avais remarqué ce condamné aux manières douces et j'avais entendu son histoire de la bouche officielle.

Par son comportement correct et son respect scrupuleux des règles de la prison, il avait trouvé grâce aux yeux du directeur, qui lui accordait tacitement une sympathie telle que, sans le moindre apaisement du crime, on peut en accorder même à un meurtrier, lorsque son acte fatal est le résultat malheureux d'une frénésie momentanée et n'indique pas une dépravation innée.

Henderson, étant une créature d'une vitalité surabondante, ce n'est que petit à petit qu'il a succombé physiquement à un environnement absolument antipode à la fois par son tempérament et par son entraînement. Naturellement réservé et réticent, il se plaignait rarement ; mais, un certain jour, alors que l'odeur de quelque fruit étranger que je lui avais apporté avait pu réveiller en lui de vieux souvenirs de mers tropicales et de gracieuses terres ensoleillées, il exprima son désir. C'était un jour de réception en prison, et j'étais son « visiteur » ; et longtemps après, quand la fin est arrivée, je me suis souvenu de ses paroles et j'ai remercié Dieu d'avoir enfin donné à cet être longtemps nié le désir de son âme.

"Oui, madame," dit-il, "je suis né et j'ai grandi sur la mer, ma mère étant la femme d'un capitaine de vaisseau et faisant alors le voyage aller-retour avec mon père. Eh bien! même *maintenant* ," murmura-t-il avec passion, " Je pourrais traverser l'Atlantique en manches de chemise, madame, mais *ici* , dans une cellule fermée et humide ! Mon Dieu, je grelotte et je gémis comme un bébé malade. Souvent, la nuit, je n'arrive pas à dormir. J'ai pensé à tout. Je marche dans mon antre heure après heure, comme une bête en cage. Je crie au Ciel, la mer ! Dieu tout-puissant, donne-moi encore une fois de la regarder, de sentir la saumure, de voir un navire ! bondissant courageusement sur ses larges vagues ! Après cela, peu importe ce qui arrivera, je peux mourir content.

De la lente monotonie du magasin de chaussures de la prison, Henderson a enfin été libéré par une mauvaise santé et est maintenant établi définitivement à l'hôpital ; et, si triste que cela puisse être de se retrouver locataire d'une cellule d'hôpital, et face à la certitude absolue qu'il n'y a pour lui aucune issue, sauf par cette dernière porte inexorable s'ouvrant sur l'inconnu aveugle, il est relativement heureux. Si doux est le moindre goût de liberté pour des lèvres longtemps refusées !

Désormais, il peut, heure par heure, se promener dans la cour de la prison, égayée en été par sa petite oasis de verdure et de fleurs (les parterres de fleurs), et, en hiver, encore bien douce d'un air vif et vivifiant et d'un soleil agréable. Le vieux goût de la mer hante encore son esprit affaibli ; mais maintenant, c'est une chose à supporter. Il a survécu à la véhémence féroce du désir humain ; et, avec peu de souffrances positives, disparaît lentement d'une phtisie persistante, compliquée d'une maladie cardiaque incurable.

L'horloge de la prison sonne neuf heures et la prison elle-même (déjà dans son dernier verre) se prépare pour une longue nuit de repos.

Dans la salle des gardes déserte et le long des couloirs désormais vides, le silence règne tranquillement. Ici, à l'hôpital, le calme de l'heure est moins continu. Cinq phtisiques (comme à leur habitude, les pauvres gars !) tousseront toute la nuit ; et, dans cette cellule, un homme, avec un gros anthrax sous l'oreille, gémit *à voix basse* à chaque respiration.

Au deuxième étage, dans la grande cellule ou salle située en haut de l'escalier (qui est, selon les besoins, utilisée pour les malades, pour les enquêtes de prison, ou pour une salle d'opération, et dont l'une seulement de plusieurs les lits sont maintenant occupés), un condamné est en train de mourir. Il s'y consacre depuis longtemps, car sa vitalité est formidable. Dans son seul corps, il semblerait y avoir au moins deux centenaires.

Mais la nature *fait* de nous des hommes, et le diable les *gâte* . Et ici, avant l'apparition de ses premiers cheveux gris, se trouve le matériel gâté par le péché pour un vieux patriarche vif de cent ans !

Il ne faut cependant pas le faire disparaître à la légère. Même cette vieille prison infâme ne l'élimine pas facilement. La consommation, le « tueur rouge » choisi par ses « tués », il se moque de son dernier souffle palpitant.

Ce pécheur audacieux et désespéré s'est révélé, même malgré les inconvénients de la retenue, un splendide méchant. Infatigablement infatigable dans ses efforts pour retrouver sa liberté perdue, et, prolifique de ressources à cette fin, sa garde (même en détention étroite) a cruellement contrarié l'âme officielle. Par des assauts répétés contre ses codétenus et les gardiens de la prison (pour lesquels il a fabriqué les armes les plus meurtrières à partir des articles les plus inconcevables), il a presque perdu tout droit à la sympathie humaine ; et toute la communauté carcérale l'a depuis longtemps livré à son diabolique possesseur. La santé défaillante et les nécessités qui en découlent ont partiellement maîtrisé cet esprit féroce et inquiétant ; mais même maintenant, au dernier stade de la phtisie, incapable de se soulever de son oreiller et déjà aux portes solennelles d'un monde inconnu, le mal anormal est encore fort en lui. Depuis un jour ou deux, il délire ; et bien que trop épuisé pour nécessiter une contrainte physique, il est, même dans son impuissance, à moitié terrible. L'âme qui passe se délecte encore des scènes de débauche dont on se souvient, ou se réjouit des détails ignobles du crime. Le travail du veilleur de nuit est ici un travail d'amour ; pourtant, si tendre que soit le forçat envers son camarade malade, ce misérable mourant fait à peine appel à son humanité ; et le zèle de surveillance nocturne est, dans ce cas, d'une froideur gênante. Robert Henderson — qui, en ce mois de juin favorable, renouvelle quelque peu ses forces défaillantes — s'est aimablement proposé de veiller ce soir avec ce patient impopulaire. Le surintendant, toujours prêt à encourager les bonnes intentions et à peine conscient de l'inaptitude d'Henderson à supporter la dure tension mentale d'une nuit solitaire à côté d'un lit de mort aussi étrange, accède à sa demande et, à neuf heures, il prend place dans le appartement lamentable. Les cellules sont, comme d'habitude, sécurisées pour la nuit. Le directeur quitte l'hôpital ; le cuisinier, qui, avec sa servante, est également infirmier d'hôpital, se retire pour se reposer ; et Henderson, enfermé, se retrouve seul avec sa charge. Il s'agit probablement de sa première montre à côté d'un lit mourant, et cela s'avère être une montre exceptionnellement éprouvante.

En écoutant les délires murmurés de cette créature forcenée, il regrette déjà à moitié l'élan humain qui l'a poussé à braver les horreurs d'une telle nuit. Une heure passe. L'homme continue de s'extasier. Des terreurs, vagues et surnaturelles, commencent à s'emparer de l'esprit énervé de l'observateur. Sûrement déjà, des démons maléfiques fondent sur leur proie : l'âme qui s'en va ! Et dans le silence qui alterne maintenant avec ces violentes explosions de folie, il imagine à moitié dans la pièce sombre le vrombissement de leurs étranges ailes. Il souhaite à Dieu que ce soit le matin, et il s'en sort bien ! La nuit, cependant, vient à peine de commencer ; et ainsi, se préparant vaillamment à sa tâche, il décide de s'en tenir à son poste, faisant de son mieux, peu importe ce qui arrivera. Soudain, le patient cesse de délirer et semble lutter, haletant, contre un ennemi puissant et terrible !

De l'écume blanche tache ses lèvres bleues et de grandes gouttes d'agonie commencent à son front. Se précipitant à ses côtés, Henderson essuie tendrement le front déformé par la douleur et lui propose à boire. Ses dents sont serrées rapidement. Il fait une tentative grossière pour chasser la couette de lui. Obéissant à la motion, Henderson s'assoit et attend l'issue.

Peu à peu, le halètement convulsif cesse. Il se penche à nouveau sur le malade. Comme cet homme est étrangement silencieux ! Pas de mouvement, pas de son, pas même un souffle ! Que le ciel l'aide ! il est enfin parti !

Comme cette longue nuit sera lamentable d'être enfermé ici seul avec un cadavre ! La mort repose horriblement sur ces traits maléfiques. Sur le visage dur et figé, on peut encore tracer les empreintes d'un désir impie et débridé. La bouche est très dessinée. Ses fortes dents blanches apparaissent sinistrement entre les lèvres bleues entrouvertes et, à l'imagination nerveuse de l'observateur, elles semblent, même dans la mort, grogner vicieusement contre le spectateur. Des cercles livides soulignent les yeux enfoncés, désormais larges et vitreux, sous leurs sourcils épais et, comme Henderson le conçoit morbidement, se tournèrent avec colère vers *lui* . S'il pouvait seulement fermer ces terribles yeux ! Hélas! il n'ose pas, de sa main tremblante, tenter une chose aussi audacieuse ! Il y a un instant, il aurait pu tourner le dos à ce spectacle laid ; *maintenant* il est trop tard. Par une fascination hypnotique indépendante de sa volonté, son regard est rivé sur le cadavre.

Les heures lentes s'allongent. Les vivants et les morts, face à face, s'affrontent sombrement. Le mort ne grimace jamais. L'homme vivant succombe enfin au stress et à l'horreur de la situation. Les murs de l'appartement chancellent. Le cadavre s'assombrit et s'efface devant lui, et il tombe mou et inconscient sur le sol.

La sensation revient progressivement chez l'observateur surmené, qui se retrouve encore misérablement faible et faible. C'est pourtant *quelque chose* d'avoir échappé au charme de ces yeux glacés par la mort, et, remerciant Dieu, il s'efforce de se relever. Dans son effort pour se relever, il trébuche maladroitement sur un petit objet sombre posé sur le sol, tout près du lit. Reprenant son équilibre, il discerne qu'il s'agit de la chaussure grossière et lourde d'un forçat. Il le soulève, pensant le placer à côté de son congénère sous le lit de camp. Sa main est faible et sans nerfs. Il lui échappe et tombe en fracassant sur le sol. Au moment où il frappe, son oreille est surprise par le clic d'une substance métallique. Un petit instrument brillant repose à ses pieds. Il le ramasse. Il s'agit d'une scie miniature en acier, qui doit avoir été dissimulée dans la chaussure du mort. En l' examinant curieusement ainsi que la chaussure, il découvre (ce qui, dans la pénombre, avait d'abord échappé à son attention) une semelle intérieure déplacée, fine, mais ferme et bien ajustée. En l'enlevant, il voit que la chaussure est encore intacte, et que cette super-semelle soigneusement ajustée n'était qu'un ingénieux store, dissimulant adroitement le précieux instrument qui, si le destin s'était révélé moins méchant, aurait dû ouvrir au prisonnier mort l'instrument longtemps inexploré. voie de liberté.

Il n'est pas dans la nature de Robert Henderson de s'en prendre à un camarade, vivant ou mort, et, remettant soigneusement la scie dans sa cachette, il réajuste la fausse semelle, et, avec un soupçon de ce respect qu'on cède instinctivement aux affaires. des morts, met la chaussure de côté.

Encore faible et tremblant, mais n'étant plus attiré magnétiquement par le cadavre, il chancelle jusqu'à la fenêtre grillagée qui, pour retenir le souffle défaillant du malade, a été laissée ouverte. Se laissant tomber sur le tabouret grossier à côté, il penche sa tête encore étourdie sur le rebord. Un souffle errant de la nuit d'été s'infiltre doucement. Qu'il est doux, ce tendre vent nocturne ! Et lui, créature usée devant une grille de prison, pourrait être une gentille dame devant son treillis, si doucement qu'il caresse sa joue décharnée !

Pourtant, aussi gentil soit-il, cela ne lui redonne pas entièrement sa vigueur habituelle. Par intervalles, un malaise mortel l'opprime. Un effondrement effrayant du cœur et des membres, comme si la vie et le courage suintaient ensemble. Et si la fin était effectivement arrivée et qu'il devait mourir cette nuit, sans surveillance et seul ; ses yeux vaporeux regardent leur dernier sur terre, toujours confrontés à cet odieux visage mort, qui, même dans l'au-delà, peut encore le poursuivre, comme, depuis des années, *un autre* visage mort le fait !

Son cœur bat à peine ! Ah, eh bien, il est temps qu'il parte ! Mais mourir seul ! S'il faisait jour, mais ici, il pourrait demander de l'aide, il pourrait obtenir du dispensaire une potion apaisante ou une poudre apaisante, avec laquelle atténuer la redoutable piqûre de la mort.

Une pensée soudaine traverse son cerveau troublé. Là, juste à côté du lit du mort, se trouvent ses médicaments ! Une petite fiole à moitié remplie de liquide brun foncé ; il lut l'étiquette, paresseusement, alors qu'il était assis à côté de la victime : « Pastilles contre la toux ». Invoquant toute la force qu'il peut maîtriser, il traverse la pièce en titubant et, saisissant avec impatience la fiole, la vide jusqu'à la lie. Ce remède composite est bien chargé en morphine et, bien que parfaitement sûr à doses modérées, ne doit en aucun cas être administré *à volonté* . L'opium, comme nous le savons, a un double effet, induisant une activité cérébrale irrégulière et excitée, ainsi que le coma. Cette potion trop libérale de « Gouttes contre la toux » fait des merveilles dans l'organisme sensible et excitable d'Henderson. Il est bientôt de nouveau sur pied et, comme il se dit gaiement, « aussi brillant que jamais et presque aussi fort ». Une volupté d'existence ravit à nouveau son être engourdi ; une envie folle et avide de goûter une fois de plus à sa joie longtemps retenue ! "Mourir ce soir ? Ah, non ! Comment *aurait* -il pu imaginer une chose aussi improbable ? Il n'est encore qu'un jeune homme et la vie est longue et agréable devant lui. Stimulé par son courant d'énergie, il se presse avec impatience contre la fenêtre, et, saisissant ses barres gênantes, — dans un élan de la force herculéenne d'antan, — les frappe puissamment. Dans le seau, ils sont plus écartés et, apparemment, plus minces. Le vent d'été vole. délicieusement dedans. Ah ! ce ne sont que des dé à coudre. Dehors, maintenant, un homme pourrait se rassasier. Le vieux désir de la mer est de nouveau brûlant en lui. Hors de ces barreaux cruels, il gît, large et beau, comme autrefois. le monde est là ! La liberté, le bonheur, et peut-être la santé, au moins, laisser mourir hors des murs de la prison.

"Pourquoi ! Les hommes étouffés dans des cachots souterrains ont, comme des taupes fouisseuses, parcouru à tâtons leur lent chemin vers la liberté ; tandis que lui" - une pensée rapide illumine son cerveau bouillonnant, envoyant la marée de vie plus rapide à travers ses pouls et électrisant tout son être ! La scie! la scie du mort ! Le voilà, en sécurité dans la chaussure, et ce n'est pas en vain que le Ciel le lui a gracieusement découvert ! Toujours respectueux des biens du mort, il prend dans sa main le précieux soulier, en retire l'instrument secret et, un instant plus tard, se met avec impatience au travail. Plaçant sans bruit une petite table sous l'auvent, il la trouve encore hors de sa portée. Posant un tabouret sur la table, il y monte et scie bientôt les barreaux au-dessus de lui. Dans cette ouverture, conçue plutôt à des fins sanitaires qu'à des fins d'éclairage, les barreaux sont relativement espacés et beaucoup plus minces que les grilles des fenêtres. La suppression d'une seule barre permettra à sa forme émaciée de sortir. La scie fonctionne bien. Sa tâche est bientôt accomplie, le mort pendant tout ce temps (comme il l'imagine avec excitation) regardant avec colère depuis le lit. Putain ! Comme l'air est proche dans ce lieu infernal ! Il y a un instant, il était ici, enfermé avec une chose horrible qui sourit et regarde un homme, et qui est déjà en décomposition ! C'est fini maintenant. Dans un instant, il aura tout quitté ; sera libre. La couverture grossière d'un berceau vide est bientôt déchirée en bandes solides. En les nouant adroitement, à la manière d'un marin, il met la corde improvisée sous son bras et, la tenant fermement, grimpe sur le toit et, rampant prudemment à quatre pattes jusqu'à son extrémité, l'a fermement fixée au bec.

S'accrochant désespérément à son fragile palan, il s'abaisse, main sur main, jusqu'au bout. Il est toujours à vingt pieds du sol.

Dans des conditions mentales normales, Henderson aurait pu hésiter face à une chute aussi audacieuse ; maintenant, pas du tout consterné, il desserre son emprise et tombe, à peine meurtri, sur la terre. Embrassant avec extase le sol moite, il lève les yeux vers le ciel, muet. C'est une prière ! Et, se levant, il se débarrasse en toute hâte de ses lourdes chaussures (que dans la précipitation et l'excitation du départ il a oublié d'enlever) et, écoutant attentivement le pas du veilleur de nuit en patrouille, s'assure qu'il est en ce moment en reconnaissance. une partie lointaine de son rythme. C'est le moment! Avançant furtivement le mur, il regarde prudemment autour de lui ; choisissant un endroit confortablement éloigné d'une guérite, avec un tas de déchets de bois et quelques barils de chaux vides, providentiellement à portée de main, il improvise un échafaudage grossier et, le montant avec empressement, grimpe en toute sécurité jusqu'au sommet.

Une horloge voisine sonne deux heures. La nuit est nuageuse. Il n'y aura ni lune ni étoile en vue. C'est une chose facile de gérer le reste ; et, bien au-delà des murs de la prison, il ne peut pas être loin du but de son désir : la mer.

En sécurité, quoique quelque peu ébranlé par sa chute audacieuse, il retrouve ses jambes et continue résolument. Il bouge mais lentement. À cause d'une longue inutilisation, sa locomotion est devenue rouillée ; pourtant, gardant régulièrement son allure d'escargot, il parcourt les rues désertes et se retrouve bientôt sur la grande route. Il a saisi son point d'écoute ; et, le suivant, continue courageusement. Les pieds sans chaussures, déjà blessés et en sang, s'épuisent sur le sol dur et accidenté. Le ciel se dégage; et, ici et là, une étoile bienveillante scintille sur son chemin.

Sa fausse force – engendrée par l'opium et entretenue éphémèrement par ce nouveau vin de liberté – est en train de décliner.

La route est bien devant lui. Il s'éternise avec lassitude. Il trébuche souvent et tombe même un jour de simple épuisement. Finalement, il s'écarte, instinctivement, de l'autoroute fréquentée. Une autre traction lasse. Maintenant sur une voie ferrée à peine défoncée, à travers des plaines herbeuses, et puis une pause soudaine – un frisson de joie extatique ! La brise marine salée est dans ses narines avides ! "Ô Dieu ! Ô Dieu béni ! c'est la mer !" et depuis dix-huit ans, il n'a pas une seule fois « pris de la saumure ! Il l'entend chanter sur le cher vieux ton monotone ; et, dans un instant de plus, le voici, étalé devant lui, toujours aussi grand et large ! Oh, *quelle* largeur !

Titillant faiblement sur le sable jusqu'à son bord bordé d'écume, il s'agenouille en tremblant et, en extase, serre le rivage mouillé. Ses muscles tendus se détendent et, trop épuisé pour se relever, il s'étend sur la grève. Son cerveau est embrumé par la morphine. Un bonheur somnolent apaise ses sens fatigués. Il regarde rêveusement le vaste ciel (déjà rouge du jour qui vient), et, fouillant affectueusement son visage à moitié oublié, il murmure, somnolent : « Quoi ! *tout* ce *ciel* ? Comme le monde est vaste ! Il ferme un instant les yeux, opprimé par le poids de l'immensité ! Son humeur change soudainement en une joie avide et enfantine. Au loin, au large, à travers la douce floraison de la rose rouge de l'aube, le soleil sort de son bain de flammes, un immense disque de feu. Se soulevant avec lassitude sur son coude, il observe son visage inhabituel avec une curieuse demi-reconnaissance. " Le soleil ? oui, ça *doit* être le soleil ! Il y a des siècles, il l'a vu sortir de la mer. Quelqu'un était avec lui à ce moment-là. Qui était-ce ? Il s'appelait… comment s'appelait-*il* ? et où *est* -il *maintenant* ?

"Mort, peut-être. Tout le monde est mort - tout le monde - Tom et l'autre laissé là dans l'enclos grillé ! Lui aussi est peut-être en train de mourir. Il est faible et fatigué, et a si peu de souffle après ce long vagabondage ! Ah, eh bien ! il est près de sa mère maintenant, et où autrement un homme pourrait-il mourir ? Il est fatigué, cependant, un chien fatigué, et doit se reposer un moment avant de lever l'ancre. La marée monte. Un filet de brouillard salin lui éclabousse la joue. Le soleil se lève courageusement de la mer ; et, là-bas, un navire arrive. Dans une abstraction rêveuse, il le regarde les yeux mi-clos. "Comme il est somnolent ! Comment est-il venu ici ? Où va- *t* -il ? Quel tourbillon ! Peu importe, il va dormir maintenant ; et peu à peu il se réveillera et prendra ses marques. Tout va bien. — tout va bien — il est dans *ses* bras ! Comme elle est belle — la mère aux yeux bleus ! Et — écoute, elle le chante pour dormir ! Son esprit vagabonde. Il murmure hors de propos : « Pauvre mère ! Elle est pâle et usée ! Cela la chagrinerait si son garçon se rendait sans prière. Il essaie de se mettre à genoux et échoue. Recomposant ses membres, il croise ses grandes mains, comme un enfant, sur sa poitrine, et répète distinctement et avec révérence la vieille, vieille prière :

"Maintenant, je m'endors,
je prie le Seigneur de garder mon âme.
Si je devais mourir avant de me réveiller,
je prie le Seigneur..."

"Bonne nuit, maman—" Il dort profondément.

Henderson est tombé par hasard sur une bande de rivage peu fréquentée et, bien qu'il fasse maintenant grand jour, personne ne vient, pas même ses poursuivants, qui, dans l'herbe grossière et raide, ont dû rater sa trace sans chaussures.

La marée monte toujours. Il ne se réveille pas. De temps en temps, une vague envahissante déferle sur ses pieds. Peu à peu, l'un d'eux lui arrive jusqu'à la taille ; et aussitôt la mer lui donne une douche large et rude. Il gémit et se lance dans son rêve. Encore une vague ! Comme cette mer est forte et féroce, tenue au creux de la main sûre de Dieu !

Cela le réveille enfin. Il se lève et, dominant pendant un bref instant les vagues bouillonnantes, envoie sur l'étendue bleue un long et fort « Ship ahoy ! » Puis, protégeant ses yeux de sa main fine, il regarde avec impatience, au loin, vers la mer. Un lent sourire se dessine, comme l'aube, sur son visage et, croisant les bras, il attend. Les vagues viennent s'enrouler et, se brisant à ses pieds, l'inondent impitoyablement d'écume et d'embruns. Il ne les écoute pas. Le regard tendu, il attend l'arrivée de ce vaisseau fantasmatique. Un autre sourire plus heureux ! Et, avec un cri aigu de joie, il agite sa main impatiente et envoie à nouveau sur la mer un jubilatoire « Ship ahoy ! » Il fait un ou deux pas en avant : une vague arrive, énorme et affamée ; il vacille, chancelle et tombe. Il l'avale et revient précipitamment. Et toujours, la mer est large et bleue sous le ciel souriant. La mouette blanche effleure sa poitrine azurée de ses ailes rythmées. De fiers navires apportent gaiement des aventures heureuses ; ou bien, naviguant au loin, ils se réduisent en taches et se fondent enfin, comme des rêves informes, dans le bleu lointain. Et toujours les vagues ondulantes rampent en chantant lentement sur le sable. Avec *lui* "il n'y a plus de mer !"

LA FIN.